下岡　友加

SHIMOOKA Yuka

ポストコロニアル台湾の日本語作家

黄霊芝の方法

溪水社

目次

第二部　作家との対話

ポストコロニアル台湾の日本語作家

――黄霊芝の方法――

序　黄霊芝とは誰か？

近代日本は国民国家としての遅れを取り戻すため、急激な変革＝欧化と強力な国民統合を必要とした。その際、「国民」という「想像の共同体」（ベネディクト・アンダーソン）[1]とともに創造されたのが「国語」であった（イ・ヨンスク）[2]。一国・一言語・一文化主義という同一性を前提とする言語ナショナリズムは現在の日本においても依然として生き残っている。西川長夫は「国語」の虚構性を次のように指摘した。

> 言語は交流し変容する。言語はつねに雑種的であり、純粋で孤立した言語などはありえず、国語（日本語、フランス語、等々）は虚構である。言語を民族と一体化させ、何かある有機的な統一体があって、そのなかでは直接無媒介的なコミュニケーションが成り立つという考え方（国語や母語）、逆に言えばそこに引かれた境界を越えるとまったく別の言語や世界が存在するという、国境や国民国家の原理を反映した考え方を変えなければならない。現存する言語は交流と変容の過程における一段階であり、一言語は結局は他［多］言語から成り立つ。（「国民文学の脱構築」『国民国家論の射程』柏書房、一九九八・四。傍線は下岡に拠る。以下同様）

国民国家を支える「国語」という〈制度〉は、言語を必須の媒体とする「文学」の場において、より顕著に発動する。小森陽一は「日本語」と「日本文化」が「最も直結している領域」として「日本文学」をとりあげ、近代日本が「日本文学」を通じて、「「日本」―「日本人」―「日本語」―「日本文化」という結合の再生産」を「繰り返し演じ」てきたことを論じた[3]。このような〈四位一体〉の結合を前提とする「日本文学」のありようは、日本語作家として出発し、既に一八年目を迎えていたリービ英雄に、次のような感想を吐露させている。

日本人として生まれた人たちから、「日本語ができるのか、できないのか」だけではなく、深層において「所有しているのか、所有していないのか」という問題を、絶えず突きつけられてきたような気がする。そして最後には、日本語の「所有権」が持ち出される。日本人として生まれなかったものには、日本語の「借地権」という条件がついていたのである。借地はありうるけれど、所有ではない。いずれ、返さなければいけない。

（『我的日本語』筑摩書房、二〇一〇・一〇）

リービの言は、「日本」―「日本人」―「日本語」―「日本文化」という結合がいまだいかに強固であり続けているか、その隠微な排除の力の存在を教える[4]。

また、一九七〇年代初めから自らの作品を「日本語文学」と公言してきた在日朝鮮人作家・金石範は二〇〇九年、「日本文学」に対して次のような批判を行わなければならなかった。「日本文学は日本語文学であるけれども、日本語文学＝日本文学ではない」。「日本文学は、これまで、単一民族の文学としての日本文学という枠組みをもって、それで、在日朝鮮人の文学を許ろうとしてきた。いわば、日本文学には他者がなかった。朝鮮の文学は、他者でさえなかった[5]」。

金石範がいうように、かつて植民地の人々に日本語を強いた事実を忘却したところに成立してきた「単一民族の文学としての日本文学」。本書はそれに対して、日本の植民地であった台湾において生まれた戦後の日本語文学、その文学表象の具体相を黄霊芝という一人の作家に焦点をあてて明らかにしようとするものである。

戦後台湾には、「日本語世代」「日本語人」「日本語族」と呼ばれ、台湾語とともに日本語を自身の最も得意な言語とする世代が存する。彼らは大正末期から昭和初期に生まれ、日本の皇民化政策の下で青年期を過ごし、日本語を通じて教育を受けた。しかし、彼らが少なからぬ時間と労力をかけて日本語能力を身につけた後、宗主国・日本は戦争に敗れる。新たな政府（国民党）のもとで台湾の公用語は中国語へと転じた上、公の場における日本語使用が禁止されたことにより、右の世代は、日本語運用能力によって保障されるはずであった職や知的財産、地位を失う。その喪失は、より高い日本語教育を受けたエリートであればあるほど、大きいものであった。

戦後、大陸から台湾へ移転してきた国民党政権は、戦前から台湾に住む人々（本省人）に対して圧政を敷いた。二・二八事件（一九四七年）、戒厳令施行（一九四九年）、一九五〇年代以降も続いた白色テロ（政府による民衆弾圧）と、日本による植民地支配からようやく解放されたと思ったのもつかの間、台湾の人々は再び暗黒の時代へと突き落とされる。彼らは戦前の日本と戦後の国民党体制による、「二つの時代、二つの文化、二層の植民地統治」（黄智慧）[6]下を生きることを余儀なくされたのである。

一九八七年、初の本省人総統・李登輝のもとで、三八年に及んだ戒厳令が解除され、台湾は民主化を成し遂げた。台湾の歴史学者・蔡錦堂は、民主化後、公共の場で老婦人・老紳士が「これ見よがしに」日本語混じりで会話しはじめたことを指摘する。[7]日本時代に青年であった彼らは、はや老齢を迎えていた。蔡の言葉を借りれば、彼らはやっと「長期にわたった『抑圧』の状態――日本語を話すことや、年少の頃の日本経験や、日本国に対する真の気持ちに対する抑圧を引っくるめて――から、ひとつひとつ解放された」。

公の場で日本語を使用しなければならなかった日本時代から、決して使用してはならない戦後へ。そして、使用したいときに使用しうる自由を得た民主化後の台湾へ。これまでの統治者たちが台湾の人々にいかに不当に自らの言語を押しつけ、不条理を生きることを強いてきたか。台湾における日本語の極端な位置づけの変転がその事実を端的に物語っている。

本書の論述対象である黄霊芝とは、このような戦前／戦後の「二層の植民地統治」を青年、壮年期において経験してきた「日本語世代」の作家の一人である。

一　黄の履歴

黄霊芝（本名：黄天驥。一九二八―二〇一六）は、台南の裕福な家庭に生まれた。父・黄欣（一八八五―一九四七）は日本時代、台湾総督府評議会員をつとめる知名の人物であったため、[8]黄は台湾人としては例外的に日本人子弟のための学校に通った。その後、日本の敗戦を疎開先で迎えた一七歳の黄は、すでに文芸家を志すほどの高度な日本語運用者に成長していた。

戦後の言語転換により、黄は一度は文芸の道をあきらめた。だが、一九歳で結核を患う。「あす死ぬかもしれないと思うと、言葉の作品を作って生きた証しを残したいと考えた。だとすれば、日本語を使うしかなかった」（「非親日家」台湾人の俳句の会を主宰・魅せられた17文字」『朝日新聞』朝刊、二〇〇七・二・一）という切迫した理由により、日本語による創作を開始する。

結果として、黄は八七歳で亡くなるまでに詩、俳句、短歌、小説、随筆、評論、童話など幅広いジャンルに渡る日本語作品を生み出した。約六〇年に及ぶ黄の文芸活動は8～9頁に掲げた表の通り、三期に分かれる。以下にその概略を述べる。

初期（二〇代〜三〇代）にはまず、国民党政府発行の日本語新聞『軍民導報』文芸欄へ詩の投稿が行われた。この新聞は、メディアにおける日本語使用を禁止した政府が制令を速やかに伝達するため、やむを得ず短期間限定的に発行した日本語紙である。[9]その後、黄は台北在住の日本人が集まる台北相思樹会に誘われ、その機縁で日本の俳句誌『雲母』に投句しはじめた。また、講談社の『群像』新人文学賞（小説部門）に、第五回〜八回（一九六二〜六五年）まで連続して応募している（応募作品は応募順に「蟹」「輿論」「古稀」「豚」）。受賞はなかったものの、毎回七〇〇〜八〇〇編の応募がある中で、数十編に絞り込まれる予選を四年連続で通過しており、黄の確かな筆力を証す。ただし、当時の台湾では日本の雑誌は政府に没収されることが多く、『雲母』や『群像』、『文学界』はやがて黄のもとには届かなくなり、購読をあきらめざるを得なかった。未だ作家としては公の舞台に立っていない、また大半を闘病生活に送った、この二〇〜三〇代を、黄の習作期と呼ぶことができよう。

中期（四〇代〜五〇代）には、台北歌壇（一九六七年創立。二〇〇三年、台湾歌壇に改名）に参加し、一九七〇年には自身が主宰となって台北俳句会を立ち上げた。そして、一九七一年から『黄霊芝作品集』を自費出版しはじめる。また、中国語による創作も開始し、黄自身が日本語から中国語に訳した小説「蟹」は、第一回呉濁流文学賞を受賞した（一九七〇年）。呉濁流（一九〇〇―一九七六）[10]との交流、並びに呉が主宰する雑誌『台湾文芸』への寄稿も、受賞を契機に盛んとなる。詩誌『笠』には桓夫（陳千武（一九二二―二〇一二）[11]のペンネーム）の手による訳詩のほか、黄自身が日本語俳句を中国語に訳したものが「俳句詩」「片詩」として掲載されている。この時期には肺病がほぼ癒え、黄の創作は一気に花開いた感がある。

同時期には、日本の新聞・雑誌類への寄稿も行われた。地方経済新聞『岡山日報』には四年間、雑誌『サンパワー』には半年間（一九四七年七月〜一二月）、国分直一（一九〇八―二〇〇五）主幹の民族・考古学に関する総合

黄霊芝の主な文芸活動表

	初期	中期
日本語	1951年（23歳）『**軍民導報**』寄稿 ＊詩 1956年（28歳）台北相思樹会参加 『**雲母**』投句 ＊俳句 1962年（34歳）『**群像**』新人賞応募 ＊小説 ―― 1965年（37歳）	1969年（41歳）台北歌壇参加 ＊短歌 1970年（42歳）台北俳句会創立 ＊俳句 1971年（43歳）『**岡山日報**』寄稿 ＊小説・短歌・随筆 ―― 1974年（46歳）『**サンパワー**』寄稿 ＊随筆
中国語		1969年（41歳）『**台湾文芸**』寄稿 ＊小説・評論 ――
作品集		巻一、巻二 巻三 巻四、巻五

中期	後期
1976年（48歳）『**えとのす**』寄稿 ＊論文・小説・翻訳 ——1982年（54歳）『**鱗光**』寄稿 ＊随筆・童話 ——1984年（56歳）	1990年（62歳）『**燕巣**』寄稿 ＊台湾歳時記・随筆 ——2001年（73歳） 2003年（75歳）『**台湾俳句歳時記**』刊行
1976年（48歳）『**笠**』寄稿 ＊詩 ——1978年（50歳） 1986年（58歳）——	1992年（64歳）漢語俳句の指導開始 ——2008年（80歳）
巻六 巻七、巻九 巻一〇、巻一一 巻一二、巻一三 巻一四	巻一五、巻一八 巻一九 巻二〇 巻二一

※作品集巻八、一七は未刊。巻一六は『台湾俳句歳時記』を以てこれに充てる。

学術季刊誌『えとのす』には、七年に渡って論文、小説、翻訳などが掲載された。さらに『えとのす』を刊行する出版社（新日本教育図書）の依頼により、錦鯉の専門月刊誌『鱗光』にも、随筆や童話を寄稿している。

後期（六〇代〜八〇代）には、大阪の俳句誌『燕巣』に「台湾歳時記」を八年にわたって連載した（その他、二〇〇一年まで随筆も寄稿）。この連載原稿を再編し、日本で刊行した『台湾俳句歳時記』[12]（言叢社、二〇〇三・四）により、二〇〇四年第三回正岡子規国際俳句賞を受賞している。同じく二〇〇四年には台北俳句会主宰としての長年の俳句活動が評価され、旭日小綬章を受けた。日本語による俳句活動とは別に、漢語俳句の指導も開始し[13]、二〇〇八年まで毎月一回の活動を続けた。

二　黄の言語観

以上のように、黄の創作活動は日本語を主たる使用言語としながら展開されていったが、実際には彼の日本語創作は台湾では売り物にならないどころか、戒厳令下では命の危険を伴うものであった[14]。そして、日本語で創作しているということをもって「日本人の糞を食べて生きている男だ」との侮蔑も受けた[15]。大陸から渡ってきた国民党の立場からすれば、日本語はかつての交戦国の言葉であり、〈帝国〉日本の被植民者であったことをあかす「奴隷の言葉」に他ならなかった。戦後の台湾で日本語を創作言語としたために引き受けざるを得なかった、こうした迫害や蔑視に対し、黄は次のように反駁している[16]。

ここで一応私は自分が本を出す目的を明らかにして置きたいと思う。私は中華民国人である。しかるにこの全集を日本文で編んでいる。従って売りものにするのが目的でないことは明らかである。又自国語で編んでいないと云うことで私を蔑む人が多いのも知っている。私が日本文を使っているのはそれが私に最も便利な言葉であるからに過ぎない。若しこのことに罪があるのだとしたら台湾を日本に割譲した清朝の官吏を責めるがよかろう。或いは二十数年かかって未だに自国語に精通出来ないでいる私の愚かさを笑うもよいだろう。それともエスペラントを作り上げたザメンホフ博士の崇高なる理想を今に受け入れられないでいる人類の頑迷さを呪うのも一法に違いない。がもともとこのようなことは取るに足りない小さなことだと考える私である。人類を一々国籍で分類しなければならない必要性がホモ・サピエンスの何処にあるのであろうか。人類の文化に貢献するのに国籍の必要があるのであろうか。（「序にかえて」『黄霊芝作品集　巻三』一九七二・五）

黄は右に続けて「日本文で表現し易い主題を日本文で取り扱い、スペイン文に適する主題をスペイン文で書く。こう云う使い分けが出来れば文芸はもっと完璧になる性質のものである。私達がそれをなし得ないでいるのはその能力を持っていないからであり、それは考えようによっては、文芸家の恥でもある」とも述べている。通常、私たちの身につける言語は生まれた時代や国、政治によってあらかじめ定められる宿命を持つが、「文芸家」は自身が求める主題にふさわしい言葉を、自らが選ぶ〈主体〉であるべきだと黄は主張する。このような黄の理念はまさしく「グローバル化した言語観」（フェイ・阮・クリーマン[17]）と位置づけられよう。あくまで言語を選択する〈主体〉としての作家の立場と能力を重んじる黄の認識は、ドイツ語と日本語で創作を行う作家・多和田葉子による、次の言葉の先取りとしてある。

植民地支配は微塵も正当化できないが、「ころんでもただでは起きない」したたかさで、ころんだ時に掴んだフランス語という泥で作品を作り上げてもいいのではないか。（……）運命のいたずらで他所の言葉を使わなければならなくなった作家だけが例外的に言語を選択しなければならなくなるのではない。一つの言語しかできない作家であっても、創作言語を何らかの形で「選び取って」いるのでなければ文学とは言えない。
（『エクソフォニー――母語の外へ出る旅』岩波書店、二〇〇三・八）

多和田は、かつてフランスの植民地であったセネガルの作家を例にあげて右のように述べているのだが、黄の日本語使用の発端と、その後の言語選択をも代弁していよう。

しかし、フランス語や英語とは異なり、日本語の読者は極めて限定されていることも、紛れもない事実である。また何より、戦後の台湾において日本語とは公の場での使用が禁じられた言語であった。自身の行為の虚しさを黄は「台湾で日本語を用いて創作することは、白いキャンパスに白い絵の具で絵を描くようなものだ」と吐露してもいる[18]。この言語障壁ゆえに、戦前から日本語で執筆し、数々の作品を残していた多くのすぐれた台湾人作家が筆を折らざるを得なかった[19]。

五〇年に渡った日本統治、日本語の強制は、こうして戦後も引き続き、台湾の人々に重い負担を強いた。もはや言うまでもなく、「『日本語』は日本人のみが使うのでも、使わされたのでもない」（黒川創[20]）。にもかかわらず、日本（人）は自国の領土ではなくなった旧植民地のその後に、いったいに無関心であり続けてきたのではないか。

戦後の台湾で、中国語による創作能力も身につけた後も、命の危険やいわれのない侮蔑に屈せず、あえて日本語で創作しつづけた黄の営為。磯田一雄は、黄を含めた戦後の台湾人の日本語使用を「かつて強制された日本語がいわば「民族的資産」として再獲得されたのだ」と論じている。「日本語をいかに徹底して学ぼうと、台湾人のアイデンティティを失ってしまうなどということはありえない。そこまで割り切ったところに台湾「日本語人」の本領があ」り、「このことは日本の植民地主義における不可欠な要素であった「言語ナショナリズム」の実質的な克服」だとする。[21]まさしく磯田の指摘する通り、戦後台湾における日本語使用、日本語文学は、未だナショナルな民族意識を付帯しつづける「日本語」や「日本文学」を相対化し、根本から揺るがすものと言えよう。そしてそれは今日、地球規模で人々が移動しうる世界において、人はいかにして自らの言語を選ぶのかという、現代における言語選択の〈主体〉の在り方にも一石を投じる、一つの生き方の提示ではなかろうか。

　では台湾の「日本語世代」の「代弁者」（澤井律之[22]）と位置づけられる黄は、日本語をもって、いかなるテクストを編んだのであろうか。本書では黄の小説並びに俳句に焦点をあて、その文学表象の具体をみていく。

　本書の構成は以下の通りである。まず第一部総論では、黄の文学に通底するブラック・ユーモアをとりあげ、黄の小説の特徴とその背景について概括的に論じる。続く各章では個々のテクストの様態をつまびらかにし、その強度をはかる。第一章では日本時代の西来庵事件と戦後の二・二八事件を扱った小説「董さん」を、第二章では他者を「食べること」の愉楽とそれに伴う苦しみを描いた小説「蟹」を、第三章では若者の一夏の恋と戦後を生きる台湾の人々の淋しさを描いた小説「紫陽花」を、第四章では中年男の農業失敗談を通じて人間と自然との関わりを活写した小説「豚」を、第五章では台湾季語である「仙桃」のイメージを利用した小説「仙桃の花」を、第六章では黄の最晩年の文業である俳句「自選百句」をとりあげる。

さらに第二部では、生前の黄に公表をゆるされたインタヴュー内容を三編収める。台湾の「日本語世代」が最晩年に残した、直接的な言説・記録としての資料的価値を鑑みて本書に収録した。結では、本書の内容をふりかえるとともに黄霊芝研究において今後期待される展開について言及した。読者は自身の関心に応じて、各部各章どこから読むことも可能である。なお、黄の小説・俳句本文の引用は、断りのない限り、最終稿である『戦後台湾の日本語文学　黄霊芝小説選』（渓水社、二〇一二・六）及び『同2』（渓水社、二〇一五・六）に拠り、ルビは適宜省略した。

注

（1）ベネディクト・アンダーソン著／白石隆、白石さや訳『定本想像の共同体―ナショナリズムの起源と流行』（書籍工房早山、二〇〇七・七）
（2）イ・ヨンスク『「国語」という思想』（岩波書店、一九九六・一二）
（3）小森陽一「言語と文化の複綜性」（『群像』一九九六・七）。小森は『〈ゆらぎ〉の日本文学』（日本放送出版協会、一九九八・九）においても、同様の問題をより詳細に論じている。
（4）二〇一五年においても、日比嘉高によって「日本文学とは、日本人が日本語で書くもので、その読者たちも日本語話者の日本人だ、という等号で結ばれた強固かつ無意識的な図式は、この国の文学空間に根強くはびこっている」ことが指摘されている（「越境する作家たち―寛容の想像力のパイオニア」『文学界』二〇一五・六）。
（5）金石範「文学的想像力と普遍性」（青山学院大学文学部日本文学科編『異郷の日本語』社会評論社、二〇〇九・四）
（6）黄智慧「ポストコロニアル台湾における重層構造―日本と中華」（西川潤・簫新煌編『台湾研究叢書4　東アジア新時代の日本と台湾』明石書店、二〇一〇・二）

（7）蔡錦堂著／水口拓寿訳「日本統治時代と国民党統治時代に跨って生きた台湾人の日本観」（五十嵐真子・三尾裕子編『戦後台湾における〈日本〉』風響社、二〇〇六・三）

（8）台湾新民報社編『改訂台湾人士鑑』（一九三七・九）の「黄欣（南鳴）」の項目には「台湾総督府評議会員」を筆頭に「台南州教育委員」「台南市教育委員」「台南市政調査委員」「台南大圳議員」「台湾水産会議員」「台湾農会議員」「台湾製塩会社監査役」など、計一一の肩書きが記されている（引用は『台湾人名辞典』日本図書センター、一九八九・五に拠る）。

（9）『軍民導報』は一九五〇年六月一日『新生報』副刊として発行される。国防部政府部主導の下、隔日発行。のち、同年一二月一日より、単独発行。『軍民導報』の詳細については、岡崎郁子『黄霊芝物語―ある日文台湾作家の軌跡』（研文出版、二〇〇四・二）、何義麟「戦後台湾における日本語使用禁止政策の変遷―活字メディアの管理政策を中心として」（古川ちかし・林珠雪・川口隆行編『台湾・韓国・沖縄で日本語は何をしたのか―言語支配のもたらすもの』三元社、二〇〇七・三）参照。

（10）本名は呉建田。小説『アジアの孤児―日本統治下の台湾―』（新人物往来社、一九七三・五）等がある。本書第二部第三章のインタヴュー記録において、黄霊芝は呉濁流との交流について語っている。

（11）本名は陳武雄。詩人。秋吉久紀夫編訳『陳千武詩集』（土曜美術出版、一九九三・二）等がある。

（12）津島佑子は小説『あまりに野蛮な』（『群像』二〇〇六・九～二〇〇八・五）執筆の際に『台湾俳句歳時記』を参考にしたことを述べ、黄霊芝について「読者をほとんど当てにしないで、自分の日本語で何かをすくおうとしている。こういう方がいらっしゃることが驚きであり、苦痛、怒り、悲しみ、誇り、さまざまな感情の陰影を感じさせられます」と述べている。対談者の堀江敏幸も「レッドマークのついた日本語。それを普通のものとして書き、また読んでいくのは、相当に苦しいことだと思いますが、そういう書き手がいることは、もっと知られていいはずです」と応答している（津島佑子・堀江敏幸「対談　野蛮からはじまる　台湾、パリ、植民地―どこにも所属しない日本語をめぐる対話」『群像』二〇〇九・二）。

（13）漢語俳句とは、台湾語（閩南語）、客家語、中国語（北京語）のいずれの言語も使用可で、字数を七～一二字の間とし、切字の意味で一首を二節に分ける新しい形態の詩である。

(14) 黄霊芝は台北俳句会の運営について、次のように述べている。「当時の法令として凡ゆる会合はそれが一〇人を超す場合、事前に警察に届けることを要した。また凡ゆる組織は登記を経てはじめて活動ができた。日本語による文芸の会が登記できるはずは必ずやなく、むしろ危険人物が自首してきたことになり兼ねないので、私たちは常に島原のキリシタン衆のように蠢いた。何しろ一頃、私はその筋に身を置く友人から何度となく忠告を受けていた。『君は今に掴まる』『必ず掴まる』『覚悟はしておいた方がいいね』『なぜなら僕が密告しているからだ』。彼にいわせると職務柄密告せざるを得ないのだという。(…)そんなわけで句会に赴く時、私は短刀を一本鞄に入れていた。嬲り者にはされたくなかったし、会員の誰彼に手を出す者がいたら飛びかかるつもりだった。芸術に国境ごときけったいなるものは存在しない。理不尽を私は許さない」(「戦後の台湾俳句―日本語と漢語での―」『台湾俳句歳時記』言叢社、二〇〇三・四)。

(15) 黄霊芝「違うんだよ、君―私の日文文芸」(黄霊芝著・下岡友加編『戦後台湾の日本語文学　黄霊芝小説選』溪水社、二〇一二・六)

(16) 同様の理由は次のようにも語られている。「日本の植民統治を受け、日本文化の洗礼あるいは薫陶を受けたことのある人々」にとっては、「日本語は外国語というよりは外国語になってしまった言語であり、日常工具としては、戦後に至りはじめて習得した自国語(中国語)よりも、より母国語的存在である。このような人たちが中途半端な自国語に頼るよりも、使い慣れた日本語で俳句をつくった方が手っとり早く、且つ成就が高いのも当然であれば、文芸が芸術の一分野であるという意念を肯んずる限り、民族意識を別として、わざわざ不得手な自国語で俳句をつくらなければならない必要性は別にない道理となる(ブラジルやカリフォルニアの日文俳句、また同じ)」(黄霊芝「ありげな問題のいくつか―国際交流での―」『黄霊芝作品集　巻一八』二〇〇〇・一二)。

(17) フェイ・阮・クリーマン著/林ゆう子訳『大日本帝国のクレオール〈植民地期台湾の日本語文学〉』(慶応義塾大学出版会、二〇〇七・一一)

(18) 黄霊芝の作品を掲載した『岡山日報』代表取締役・主筆の原敏に宛てた書信の中で黄が記した言葉。引用は岡崎郁子『黄霊芝物語―ある日文台湾作家の軌跡』（研文出版、二〇〇四・二）に拠る。

(19) むろん、作家として立つために、この困難な言語転換をなし遂げた作家は存する。たとえば、黄の同世代で台湾を代表する作家・鍾肇政（一九二五―）はその一人である。しかし、鍾曰く、日本の敗戦から六年後に発表した中国語の処女作は「習作程度で、小説と呼べるものではなかった」。日本語から脱却するのに一五年かかり、二〇歳から三〇歳までの「自分の思想を体系づくる最も大切な時期」をもっぱら言語習得に費やしたことの代償として、自分の「思想が貧しいのもしかたがない。日本語も中国語も中途半端で、どうしたって大作家にはなれない運命だ」と述べている（岡崎郁子『台湾文学―異端の系譜』田畑書店、一九九六・四）。このような鍾の発言には当然謙遜の意も含まれようが、言語転換のために思想上の不十分を感じずにはいられないというのは本音でもあろう。かと言って、日本語では台湾で作家として立つことはできなかった。いずれにしても日本の植民地統治により、台湾の人々が戦前のみならず、戦後にも言語をめぐる深刻な葛藤に苦しめられ続けたことに変わりはない。

(20) 黒川創『国境』（メタローグ、一九九八・二）

(21) 磯田一雄「【研究ノート】台湾における日本語文芸活動の過去・現在・未来―俳句を中心にその教育文化史的意義を点描する―」（『成城文芸』一九七号、二〇〇六・一二）

(22) 澤井律之「『岡崎郁子著『黄霊芝物語』から考えたこと」（山田敬三先生古稀記念論集刊行会編『南腔北調論集―中国文化の伝統と現代』東方書店、二〇〇七・七）。澤井は国民党支配下では沈黙を守った大正末期から昭和初期に生まれた世代を、周婉窈の命名による「海行兮的世代（海行かばの世代）」「失われた世代」として、その「沈黙したものたちの代弁者」の一人に黄霊芝を位置づける。そして「戦前の文学を引きずっている人々、沈黙した人々までをも包含した観点からの研究」が、「台湾文学とは何かという難問についての一つのコンセンサス」を得るための手がかりとなるだろうと、今後の研究の在り方について示唆に富む提言を行っている。

『黄霊芝作品集』内容一覧表

巻数	発行年月	ジャンル【使用言語】	内容目次
1	一九七一年一月	小説【日本語】	蟹／法／古稀／「金」の家
2	一九七一年一〇月	俳句・短歌・詩【日本語】	俳句　春・夏・秋・冬／短歌　蟇の恋（小説）・雑詠／詩
3	一九七二年五月	小説【日本語】	紫陽花／喫茶店「青い鳥」
4	一九七三年七月	評論・随筆・雑文【日本語・中国語】	日本語の新仮名遣い・其の他／俳句季語「蘭」について／詩／短歌について／文学／蚍蜉撼樹／瓦釜打鼓／或る言い分／台湾の正月／市場／神／留学／交通地獄／選挙／養生の話／台湾胡蝶蘭の諸問題／嘉徳麗雅培養史／胡蝶蘭的交配趨勢／交配種與偽交配種／関於外銷蘭花的私見與構想
5	一九七三年九月	小説【日本語・フランス語】	豚／竜宮翁戎貝／床屋／におい／癌／宋王之印／Une certaine histoire/En librairie/Un incident/Le voyage agite/Une lettre
6	一九八二年五月（一九八六年一〇月再版）	詩【日本語・一部に中国語とフランス語】	第一部／第二部／第三部／第四部／附録
7	一九八三年三月	論文・小説【日本語】	圭・古代王朝の真ん中で／佩玉と玉佩／固園別館所蔵古玉器鑑賞・佩玉類其一／中国古玉器に見られる幾つかの現象およびその断代例／（小説）台湾玉賈伝

8	未刊		黄霊芝自身により破棄
9	一九八三年一一月	小説【日本語】	天中殺／蛇／毛虫／罪／歯車／夢／毒／ふうちゃん／輿論
10	一九八四年二月	魚・文と童話【日本語】	文献に見える鯉／端午の節句と鯉のぼり／要らぬお節介（門外漢の錦鯉論）／魚随想　初民と贅沢・魚と譬え・怪魚・魚の漢字／こいものがたり　ルミちゃんとシンタロー・花子・黄金鯉・ジローとゴンベエー・浮島沼・五郎の日記・名画・たら鯉・聖
11	一九八四年七月	論著・鑑裁【日本語】	論著　中国の神話と伝説／鑑裁　尭舜禅譲・三皇五帝の伝説
12	一九八六年四月	論著・鑑裁【中国語・日本語】	論著　探討日本之漢字簡化／鑑裁　饕餮紋の謎・中国の民族
13	一九八六年一二月	論著・翻訳・鑑裁【日本語】	論著　台湾の演劇／翻訳　永鎮の開漳聖王／鑑裁　台南の大天后宮・台南の三山国王廟・林本源邸園
14	一九八七年一〇月	民話【日本語】	民話　舊話／再話／新話／故事／寓言
15	二〇〇〇年一二月	詩集【日本語・中国語】	句集『その後』／歌集『あの頃』
16			『台湾俳句歳時記』（言叢社、二〇〇三・四）を以てこれに充てる
17	未刊	（芸術作品集の予定であった）	

18	二〇〇〇年一二月	論集【日本語】	はじめに／商人を…桃の花／長所と欠点／地声／甲骨文と俳句／盗作／耳から目へ／季語／群の遊び／十五周年／ちゃんぽん／個性の消失／作品と作者／「自句自解」と「短歌の半分」／俳句歳時記について／日本文化は貧から生まれた／ありげな問題のいくつか―国際交流での―／文法―間違っているかも知れませんが―／台湾歳時記と台湾季語／戦後の台湾俳句―日本語と漢語での―
19	二〇〇一年七月	小説集【日本語】	菫さん／男耕女織／仙桃の花／男盗女娼／不況／市場／……ピア……ピア／ユートピア
20	二〇〇三年一二月	句集【日本語】	蝉三〇〇句
21	二〇〇八年一二月	論集【日本語】	年々……月々……

第一部　小説と俳句の諸相

総論　黄霊芝文学におけるブラック・ユーモア

ビル・アッシュクロフト、ガレス・グリフィス、ヘレン・ティフィンは、『ポストコロニアルの文学』（木村茂雄訳、青土社、一九八八・一二）序章において次のように述べている。

いまこの世界に生きている人びとの四分の三以上の生活は、過去の植民地主義体験によってかたちづくられたものである。このことがどんなに重要な意味をもってきたか、政治や経済の領域で気づくことは容易だが、それにくらべ、現代のさまざまな民族の知覚や認識の枠組みにそれがおよぼした全般的な影響は、より捉えにくいことが多い。文学は、このような新しい知覚や認識を表現するためのもっとも重要な方法のひとつであり、植民地化された土地の人びとが日ごとに経験している現実は、彼らの著作において、また、絵画、彫刻、音楽、ダンスなど、その他の芸術をとおして、もっとも強力にコード化され、深い影響を与えているのである。

かつて〈帝国〉であった日本は、「植民地化された土地の人びと」の現実を彼らの著作を通じて理解していくという営みを、果たしてこれまでどれほど行い得てきたか。

本書が論じる対象とするのは、六〇年以上に渡る日本語創作の経歴を持ち、一九七〇年創立当初から二〇一六年三月に逝去するまでの四五年間、台北俳句会の主宰をつとめた黄霊芝の文学である。

台湾には大正末から昭和初期に生まれ、日本の皇民化政策のもとで青年期を過ごしたことにより、日本語が「一生のうちでもっとも自分の情操生活に寄与した言葉になっている」（孤蓬万里）[1]という世代が存する。「日本語世代」「日本語族」「日本語人」と呼ばれる彼らは、日本語使用が禁止され、公用語が中国語に転じた戦後の台湾において日本語による文芸創作を開始し、現在に至るまで活動を続けてきた。代表的な文芸活動グループとして台湾歌壇（一九六七年創立）、台北俳句会（一九七〇年創立）がある。戒厳令解除後には、台湾川柳会（一九九四年創立）も活動を開始した。

黄はそうした「日本語世代」を代表する作家と言える。しかし、その日本語作品については、ともすれば使用言語の特異性、すなわち旧宗主国の言語＝日本語を戦後も創作言語として使用し続けていることのみがとりあげられ、個々のテクストの内実については等閑視されてきた。例外として、岡崎郁子による評伝『黄霊芝物語―ある日文台湾作家の軌跡』（研文出版、二〇〇四・二）や磯田一雄による俳句を中心とする論考等[2]があるが、黄の文学の特徴や達成点についての追究は、未だ十分とは言えない。

右のような研究状況を鑑み、ここではまず黄の方法を論じる序説として彼の文学を特徴づけるブラック・ユーモアについて考察を行いたい。なぜそのような特徴に着目するか。結論を先取りして述べれば、黄の文学に見えるブラック・ユーモアとは、日本の植民地支配下からのポストコロニアル期に、引き続き戦後国民党圧政下に置かれた黄自身の苦難の経験から産み出された自己表出・自己解放の一方法であり、かつその笑いは、台湾という場のみにとどまらぬ読者の獲得につながる大きな魅力として位置づけられると著者は考えるからである。

なお、あらかじめ念のために述べておくが、本書は黄の日本語文学を評価することを通じて〈帝国〉日本の日本語教育を肯定しようと意図するものではない。むしろ、その逆である。日本は自身が植民地に遺した制度や言語のその後を把握し、検討することを長い間怠ってきた。台湾の「日本語世代」に属する黄が書きあらわした数々の日本語作品とは、その存在自体が、まさしく日本の植民地統治という暴力を刻印する記録、記憶に他ならない。黄のテクストの具体的な検討を通じて、「『日本語』は日本人のみが使うのでも、使わされたのでもない」（黒川創[3]）ことを再認識し、黄たちの日本語創作の背後に存する「日本語でしか自分の世界を展現できなかった数々の台湾の戦前の作家たちの、その後に強いられた唖の無念さ[4]」、声にならなかった声を想起し、日本の統治という暴力がその後も台湾の人々に不当な負担を強いてきた事実を改めて重く受けとめたい。そして、ともすれば「単なる日本趣味[5]」と貶められたり、「日本を上と考える植民地後遺症[6]」に回収され、日本文学／台湾文学という〈制度〉の狭間のなかで読まれる機会すら十分に与えられてこなかった、台湾の日本語文学の再評価を行いたいと考える。

一　笑いの戦略　―奇想天外な発想とどんでん返し―

黄が亡くなるまでに発表した小説三一編は、いずれもその舞台を彼自身が生きてきた同時代の台湾としている。よって、小説は戦後台湾の歴史的事件や社会問題を必然的に映し出す（一部日本時代も含む）。代表的なものとして二・二八事件（一九四七年）の犠牲者の半生を語った「董さん」（『黄霊芝作品集　巻一九』二〇〇一・七）や、殺人を犯した少年に対する官憲の非人道性を暴いた「法」（『黄霊芝作品集　巻一』一九七一・二）、一殺人事件がメディアを通じて台湾全島を巻き込む騒動に拡大する顛末を描いた「輿論」（『黄霊芝作品集　巻九』、一九八三・

一二）がある。(7) これらの小説は、戒厳令下（一九四九～一九八七年）では公にすることが憚られるような政治権力に対する批判を内包するものである。黄の小説は戦後台湾社会の様相を、そこに生きる市井の人間の立場から語っているという点で、歴史的な資料としての価値を持つ。

ただし、彼の小説では台湾固有の歴史的状況や問題を告発することにのみ主眼が置かれているのではない。むしろ、仮に場所を変えても通じうる人類共通の問題や生活感情の描出の方に重きが置かれていると考えられる。

たとえば、黄の第一作「蟹」（『黄霊芝作品集 巻二』）で追究されているのは、「食べること（すなわち他者の命をそこなうこと）なしに人は生きられないのか」という、人間であれば誰もが逃れることのできない極めて実存的な問いである。台北で暮らす老乞食の「おい」は、戦後急激に悪化した生活環境のなかで日常的な飢えに苛まれている。ある日、偶然蟹を食べる機会に恵まれ、そのおいしさに目がくらんだ「おい」は、蟹を再び食べることを夢見て海へと旅立つ。しかし、その道中で行き倒れとなった「おい」は蟹を食べるどころか、海辺で自身の体を蟹についばまれて果てることとなる。人間が蟹を食べ、そして蟹に人間が食べられるという顛末に、人間中心主義＝近代・西洋的価値観を脱臼、否定する思想が顕著に示されている（小説「蟹」の方法の詳細については第二章参照）。

その他の小説においても、金銭・血縁関係・家制度に縛られる人間の愚かさを描く「「金」の家」（『黄霊芝作品集 巻一』）や、老い・死への恐怖と憤りをあらわす「古稀」（『黄霊芝作品集 巻一』）、人間が自然物を思い通りにコントロールしようとして挫折する「豚」（『岡山日報』一九七二・二・一六～三・一〇）等、いずれの作品も戦後の台湾を舞台にしつつ、人類一般に広く通底する普遍的なテーマがあらわされている（小説「豚」の方法の詳細については第四章参照）。

その上で、黄文学の特徴として見逃せないのは、右のような物語内容・テーマがただに深刻な悲劇として提示されるのではなく、多くが読者の笑いを誘う要素を伴い、悲喜劇としての相貌を持たされているという点である。真面目な問いを提起しているはずであるのに、なぜ笑いが生じるのか。その大きな要因の一つは、黄の小説に登場する人物たちが披露する、奇想天外な発想（或いはそれに基づいた行為）にある。例を見よう。「蟹」の「おい」は偶然立ち寄った動物園で、次のような「旨いこと」を思いつき、一人興奮する。

それはこういうことだった。人間だって動物である。とすると一人くらい動物園の檻に入っていても好いのではないか。動物園に入ってさえいれば少なくとも飢えに苛まれることはなかった。毎日ちゃんとご飯が食べられる上に、こうやって時には子供たちからも何かと貰える。しかも寝藁の温かい、冬でもへっちゃらな檻に住んでいられるのだ。つくそうめ！　まるで天国ではないか。お巡りには叱られずに済むし、おかみさんには罵られながら謝る必要もなかった。何とおいは頭の好い奴だろう。旨いことを考えついたものだ。おいは見物に見られさえすれば好いのだ。座っても好い。立っても好い。とにかく安心して天寿を全う出来る。

ディヴィット・ガーネットの「動物園に入った男」[8]とは異なり、実際には右の思いつきは実行に移されることはなかったが、「おい」はさらに「ひょっとして動物園ではおいに女を一人当てがってはくれないだろうか？猿だって虎だって一対ずつ入っているのである。おお、女だ。女は柔らかいんだ。汁気があって」「おいはおいも男であったことを思い出して何だか嬉しくなってしまった」りしている。

ちなみに本書・第一部第二章で詳述するように、台湾の歴史的背景を踏まえれば、台北という都市から離れ、海岸で一人死を迎えることになる「おい」の姿を、国民党政権による迫害により、政治・社会の中心から追いやられ、命すら奪われた台湾人の象徴と見なすことも可能である。ところが、右に引用したような小説の細部、「おい」の一般通念からは逸脱した滑稽な想念が、そうした政治・歴史的文脈に基づく読みにのみ一元的に本文を還元することを拒んでいるのである。

奇想天外な発想という点で言えば、「紫陽花」(『岡山日報』、一九七一・一一・二二～一二・二〇)の若者「伸」も負けていない。「伸」は自分の家と、隣の恋する少女の家との糞尿の攪拌(汲み取り)の反響音を「相聞の歌」と見立て、自分と同様に「相聞の歌を聞きつつ目覚めているかも知れない少女の瞬きを思い浮かべ、体が甘くなって行くような幸福感に浸」っている。「伸」の見立ては次のように続く。

そして伸の家から汲み出された水液は大通りで待っている運搬車の水槽のなかで突然に少女の家の水液に邂逅するのだった。その時異性の彼等は互いに羞み合い、もじもじとし、それから青きドナウの流れのようにしずしずと混じり合って一つになるのであった。彼等は運搬車に積まれて町を出、百姓たちの肥料として地球上のどこかで手を取り合ってしみ込んで行くのである。

「変愛小説」の一つとして岸本佐和子に選ばれた(『群像』二〇一四・一〇)[9] 芥川龍之介「好色」(『改造』一九二一・一〇)のように、慕い続ける女性の糞を食すまでには至らぬものの、この後も、「伸」は夢の中で恋する少女と契りを結んだり、彼女が自分同様胸を患ったのかもしれないと考えて、「僕の細菌が彼女の体に巣喰っているなんて嬉しい限り」と想像したりする。実は「伸」によるこのような妄想は、戦中戦後に大切な人を失い(「伸」の場合、友人や父)、作中現在も戒厳令下の社会で日本人の母と二人、息をひそめて生きていかなければならない彼の辛い日常を、一時的に忘れさせてくれるものでもあった。すなわち、先の「蟹」の「おい」同様に、虐げられる立場に置かれた台湾の人々の苦難が、「紫陽花」では「伸」によって象徴的に描かれていると読むことができるのである。ただし、小説は「変愛」と十分に呼びうるような、一方的に肥大化していく「伸」の恋情を相当な分量を割いて事細かに語っているため、読者は「伸」にポストコロニアルの心境を読み取るだけでなく、その珍妙な妄想の内容を堪能し、楽しむことがゆるされているのである（小説「紫陽花」の方法の詳細については第三章参照）。

さらに、黄の小説は総じてどんでん返しの構造を持っており、小説中で饒舌に自説を開陳していた人物たちは、予想外の顛末に見舞われて、沈黙することを余儀なくされる。このような唐突な展開も黄の小説に読者が驚きとともにおかしみを感じてしまう一つの要因である。「蟹」の「おい」は死に至り、「紫陽花」の「伸」は失恋に至る。「おい」の最期は次のように描かれている。

> ただおいはさっきから下腹の辺りに何者か（＝蟹。下岡注）が蠢いているのを感じていた。その何者かは、どうやら鋏のようなものでおいの肉を鋏み取って食べているようすであった。たぶん四、五匹はいるらしかった。世上の一切はおいから遠退いて行くようであった。おいは刻一刻と深み行く幽遠の世界に身を委ねながら、だがはっきりと感じていた。生涯おいに強請ることを止めなかったあの哀れな胃袋が、今もってひくひくと動いていたのを。この期に及んでまだ何かを求めていたのかも知れない。哀れな奴。

人間の内なる制御不能な動物性（ここでは食欲）は、死が確定した後にも動き続ける胃袋によって象徴されている。その胃袋は、右引用末尾で「哀れな奴」と客体化されて呼ばれているように、「おい」独特の把握や発想は死に際まで健在であった。こうしたユニークな想念を披露する人物たちを最終的には容赦なく不幸に突き落とす悲喜劇は、黄の最後の小説「ユートピア」（『黄霊芝作品集　巻一九』二〇〇一・七）においても同様である。その詳細を次に見る。

二　自嘲のなかの本音　―小説「ユートピア」の方法―

「ユートピア」は全三章から成る。第一章では書き物を仕事としている年輩の「彼」の起床後から夜に至るまでの一日の生活のディテールが、第二章では「彼」と元・教え子との会話が、第三章では「彼」が死亡した事実が語られている。壇一雄は「文学というものの一番の狙いは、ユートピアを得られない悲しさを描くことじゃないか[10]」と述べているが、まさに黄の小説「ユートピア」はその「悲しさ」をまざまざと、ただしユーモアを伴って表出した作品である。

「彼」は、いわゆる氏も育ちも異なる妻と結婚した当初から不仲であった。「彼」が教え子に語った内容に拠れば、妻は「彼」が結婚前に想像していたよりもお金持ちでなかったことに不満を持ち、頻繁に外出し、叱られるとすぐに家出し、生活費を一人占めし、夫の持ち物を勝手に捨て、病気になった夫の心配すらしたことがないという。すなわち、この小説が明らかにするのは、価値観や生活様式の全く異なる「彼」と妻との円満な生活の実現、その絶対不可能性である。このような夫婦関係は「自分を否定しようとする他者と共にしか生きることが出来ないとは、何ともこれ以上の喜劇はない」（後藤明生[11]）という例にまさしく該当するが、教え子がそれではなぜ離婚をしないのかと問うと、「彼」は次のような「一種の理想主義」を説く。

「（……）昔、教室で君たちに何度かいったと覚えているけど、人は神の具象的存在でなければならないんだ。神は抽象概念で、人はその具象的存在だよ。つまり人とはすなわち神なんだ。そう自負できるだけの人物でありたいということだな。この観点からいえば、人に争いは起きない。つまり夫婦が不和だというのは自分が神でないからだ。もし神であれば誰と結婚したって問題は起きない。だから誰と結婚しても同じことなんだよ。普通、すばらしい女性がいたりすると男どもはそれを奪い合ったりするだろ。それは神でないからだ。すばらしい女性は他人に譲り、自分は誰も欲しがらない欠点だらけの女を娶り、その人を幸せにしてやる。当然そうあるべきなんだ。犬を養うにしても野良犬を拾ってきて養うべきで、小鳥なども名のないような貧弱な鳥を養うべきなんだ。僕は今でもこの持論は正しいと思っているよ。ただなかなか神になれないんだね、人間て奴は。そこが問題なんだ。（……）」

「人は神の具象的存在でなければならない」という「彼」の理想は高邁であるが、「欠点だらけの女を娶り、その人を幸せにしてやる」という発言に顕著なように、それは男性側から女性への一方的な施しを意味している。「彼」の論理に基づけば、仮に男女の立場を入れ換えたとしても、両者が対等な立場に置かれることはない（一方は神なのだから）。そして何より滑稽なのは、右引用文中で「彼」自身が「なかなか神になれない」ことを認めているように、この理想はどこまでも到達不可能な理想に過ぎず、現実生活を不如意なままにする（＝妻と離婚できない）自縄自縛の掟に他ならないことである。

この後も「彼」は「冗談じゃないよ。僕は天下の男子だよ。自分の肌着は妻にも触らせない」と独自の価値観を語り、こうした発言に対しては「彼」のよき理解者（聞き手）であるはずの教え子からも、「先生も少しおかしいんじゃないかなあ」と控え目ながら、異議申し立てが行われている。

また、小説にはテクストそれ自体への〈自己言及〉に該当する、次のような会話もある。

「沽券の話だけど、面白いんだよ。彼女は僕を眼中に全然置いていない人間のくせに、誰かと知り合ったりすると盛んに僕を賞めて聞かせるんだ。僕の著書を見せびらかしたりしてね。まるで僕を大作家か何かのように吹聴するんだ。僕が偉ければ彼女の鼻が高くなるんだよ。僕の本なんか読もうともしないから、何を書いてあるか知りもしないでだよ。本当は彼女の悪口を書いてある本なんかをね。阿呆にも程があるよ」

「駄目よ、悪口なんか書いたら、可哀相だわ」

「いや、たとえばの話だよ」

教え子は悪口を書くことを諌めるが、実はこの「ユートピア」という小説自体が、妻への罵詈雑言で成り立っている小説に他ならない。右引用中にも「阿呆にも程がある」との妻への評言があるように、「彼」は妻のことを「教養がない」「大弱りの人物」「少し阿呆」「よほどの薄のろ」「どうしようもない相手」「辻斬り屋」「怠け者」と散々に扱き下ろしている。すなわち、「ユートピア」という小説自体が「彼女の悪口を書いてある本」（の一つ）に他ならないことに気づいた読者は、「たとえばの話だよ」という「彼」のとぼけた応答に苦笑せざるを得ない。

無論、他の黄の小説同様、このように独善的な「彼」の主観、主張がこのままに放置されることはない。小説は第三章において「彼」自身が死亡するというどんでん返しを用意する。検査の結果、肝臓に悪い腫瘍が見つかった「彼」の容態を、友人が「彼」の妻に伝えた。すると妻は入院の道具を揃えて看護婦を一人雇い、自身は郵船による世界一周旅行に出かける。そして「彼」の葬儀後に旅行から戻って「来客があると夫の遺影の前でさめざめと泣」く。そんな妻の様子を見て人々はいう。「お気の毒だわ。ご主人の死に目にも会えなかったなんて。

ほんとにお可哀相……」。

妻は夫の看病を最期まで他人任せにした上、その間旅行を楽しみ、他人の同情をも勝ち得た。この結末からすれば、長年続けられてきた夫婦の暗闘は妻側の勝利に終わったと言えよう。小説は冒頭から、「彼」が起床後に「尿療法」「西洋式脊椎矯正法」等、数々の健康法を日課とし、体調管理に気を遣う様子を事細かに描いている。それだけに妻よりも先に死ぬことになる「彼」の顛末は悲劇であり、喜劇である。このように「ユートピア」は終始ブラックな笑いを誘うユーモア小説であるが、「彼」が教え子に語る内容には、自分たち世代に関する次のような言及もある。

「あのね、僕たちの世代を考えてみるとね、たとえば僕の場合、生まれた時には日本人だったんだが、成長して少年期を終えた頃に突然、国籍が日本から民国に変更された。そうすると思想も倫理観も何もかも標準が変わってしまうよ。価値観が変わってしまうんだね。そして人はそれに逆らう力を持っていない。受諾し、流されて行くしかないんだ。もちろん浮かび上がる人もいるだろう。ただね、こういった社会の変貌は生物における進化とは別物なんだ。（……）政変による変異にはこの事前の因素がないんだよね。だから大多数の人間が落ちこぼれてしまう。これは明治維新の際にせよ民国誕生の時にせよ、同じなんだ。僕なんかも落ちこぼれの一人だよ（……）」

右に続けて「この何事に対しても諦めやすくなっている落ちこぼれの僕と、戦後の自由、民主、婦権などを曲解して成長した妻とが組み合わされることによって、こんな奇妙な家庭が出現しちゃったんだ。名コンビなんだよ」と「彼」は冗談めかした軽口で夫婦の成り立ちを説くが、ここには夫婦の不和の原因を語るという表向きの動機を借りて、個人の力では抵抗のすべのない突然の社会変動、政変、戦争といった強大な暴力への批判が自嘲とともに行われていると言えよう。やはり「ユートピア」という小説も笑いのなかに、否応なく虐げられる立場に置かれた台湾人の苦難とその心境をしのばせているという点では、先に見た「蟹」や「紫陽花」と同様なのである。そして、「彼」のいう「生まれた時には日本人だったんだが、成長して少年期を終えた頃に突然、国籍が日本から民国に変更された」世代とは、まさしく作者・黄霊芝自身のそれでもあった。

小説「ユートピア」は夫婦間の闘争という、古今東西永久不滅のテーマを掲げて「彼」という人物に一風変わった自説を蕩々と説かせた上で、その「彼」を最終的に死に至らしめ、悲喜劇を完遂する。黄自身の投影とも受け取れる「彼」を登場させていながら、その「彼」を死亡させて客体化（滑稽化）するところに、黄文学の諧謔性は存分に発揮されていると言える。

そして「彼」の自嘲、愚痴のなかには、戦前／戦後と全く異なる価値観を跨いで生きなければならなかった台湾の人々の真情が託されていると言えよう。その真情が黄の他の小説とは異なり、人物のセリフという、より直接的な方法で一つの世代の声がテクスト内に刻み込まれている点は特記すべきことである。「ユートピア」は黄文学を代表するブラック・ユーモア小説であり、かつ「日本語世代」の日常と本音を知る上でも重要な小説と位置づけられる。なお、ここでは詳述できなかったが、「ユートピア」では日本語のみならず、中国語並びに台湾語を併用する「彼」の日常風景も描かれており、台湾の「日本語世代」の混淆的言語状況の実際を反映し、記録した小説でもある。

黄霊芝の小説では、中心的な登場人物が死に至るパターンが多い。「蟹」の「おい」の死に始まり、「法」の少年「信」、短歌小説「蟇の恋」（『黄霊芝作品集　巻二』一九七一・一〇）の「蟇」（＝中年男性の自己表象）、オムニバス形式の小説「罪」（『黄霊芝作品集　巻九』一九八三・一二）（一）の「僕」、「輿論」の春福、「董さん」における「董さん」、「……ピア……ピア」（『黄霊芝作品集　巻一九』）の「爺さ」、そして「ユートピア」の「彼」とみんな作中で死んでいく。「仙桃の花」（『黄霊芝作品集　巻一九』）の「おじいさん」のように生死は不明であるものの、行方知れずとなった例もある。死をまぬがれたとしても、黄の小説の登場人物たちはそれぞれ失恋、失望、挫折、喪失、災難といった結末に追いやられるのであり（ハッピー・エンドは「喫茶店「青い鳥」」（『黄霊芝作品集　巻三』一九七二・五）のみ）、このような展開自体に、日本時代と国民党時代という二つの時代のなかで形成された、黄自身の世界観の一端をみることができよう。

黄の小説では人間は不完全な生き物であり、人間社会とはそれらが構築した欠陥だらけの構築物として表象されている。ただし、そうした冷徹な人間把握は、登場人物たちの独特の発想や饒舌な語りによるユーモアに包まれており、笑っている間に読者はどんでん返しの結末へと運ばれていく。すなわち、黄の小説のユーモアとは、最終的に着地する救いのない場所へと読者を導くための奉仕であり、かつしばしの時間稼ぎ（猶予）の詐術であった。

黄の小説は少なくとも次の三つの面を持つ多面体と捉えられる。第一に、人類共通の問題や生活感情を描くというテーマの普遍性、第二に、人物たちがユニークな思念を十全に発露してその個性を発揮するという個別性、第三に、人物たちの行為が台湾の人々の置かれた立場を代弁しているという歴史・地域性である。

ここでは特に第二点目の特徴を中心に見てきたが、黄文学におけるブラック・ユーモアとは、生きる上で救われるための方途をどこにも見出しようがなく、もう笑うしかないという立場に置かれた人間、おそらくは黄自身の極限状況から産み出された自己表出・自己解放の一手段と考えられよう。背景には、すでに本書の序でも述べたような台湾の戦前／戦後に跨がる政治状況、並びに結核によって死を覚悟しなければならなかった黄の個人的な事情がある。

ただし、黄の小説が生み出す笑いは、結果として台湾という場にとどまらぬ読者の獲得可能性に繋がる強み、大きな魅力になっていると考えられる。人物たちが披露する奇想天外な発想は世界に一つの独創的なキャラクター造型に寄与し、その発想内容自体が読者の認識世界を異化する。そして、どんでん返しによる意外な結末が〈騙される〉という一つの快感をも読者に与える。

文学の「笑い」の効能について、井上ひさしは次のように述べている。

人間はどうしても時間の関数でしかない。生まれて恋して、仕事をして死んでいく、すべて時間の軸に沿って一生が展開していくわけです。しかし笑いが起こった瞬間、人々は時間から自由になる。一番重いくびきである時間からヒュッと飛べるし、そこで永遠の生命を一瞬にもつ。僕は、限られた生の中で永遠の感覚をたくさん取り込むことがとても重要だと思うので、その点が好きなんです。（井上ひさし・大江健三郎・筒井康隆『ユートピア探し　物語探し』岩波書店、一九八八・五）

たしかに、黄の小説は時間という「くびき」から、読者をしばし自由にし、解放するものと言えよう。

ホミ・K・バーバは「いま我々にとっては、移民や被植民者、政治的亡命者といった人々が形作る国家を越えた境界的フロンティア状況こそが、世界文学の領域となりうる」と述べている。[12] そして、「研究の中核」として「モリソンやゴーディマーがその「故郷喪失の」小説で表象したような「社会的文化的に排除された変わり種」

をとりあげる。黄霊芝は台湾に生まれ、台湾で一生を過ごし、その点では彼自身も、そして彼の描く文学も「故郷」を「喪失」してはいない。しかし、既に繰り返し述べてきたように、台湾とは戦前は日本に、戦後は国民党政府によっていかに生きるかということを決定するための個々人の自由＝〈主体〉を不当に損なわれ続けてきた場に他ならなかった。そうした場所と時代を背景として生きる黄文学の登場人物たちもやはり「社会的文化的に排除された変わり種」と捉えることが可能であろう。バーバの言が正しければ、黄が紡いだ日本語文学が「世界文学」の一つとして積極的に読まれるのはこれからだと期待することもできるだろうか。少なくとも、黄文学のブラック・ユーモアは、読者を変革させる力として機動すべく、今も読者を待ち続けている。

注

（1）孤蓬万里『孤蓬万里半世紀　台湾万葉集補遺・付』（集英社、一九九七・九）。孤蓬万里の本名は呉建堂（一九二六―一九九八）。台湾歌壇（創始時は台北歌壇）の初代主宰。

（2）磯田一雄「【研究ノート】黄霊芝の俳句観と「台湾俳句」―台北俳句会における俳句指導（句評）を中心に―」（『成城文芸』二〇一号、二〇〇七・一二）、同「黄霊芝俳句観の展開過程―「台湾俳句」に向かうものと超えるもの―」（『天理台湾学年報』17号、二〇〇八・六）、同「台湾俳句における情報量の equivalence について―黄霊芝の俳句論を手がかりに―」『天理台湾学年報』18号、二〇〇九・七）等。

（3）黒川創『国境』（メタローグ、一九九八・二）

（4）黄霊芝「戦後の台湾俳句―日本語と漢語での―」（『台湾俳句歳時記』言叢社、二〇〇三・四）

（5）黄霊芝「地声」（『台北俳句集　9集』一九八〇・二）

（6）「台湾俳句おおらかに、はっきりと」（『朝日新聞』夕刊、二〇一三・二・一二）

（7）詳細については拙稿「一九五一年の台湾表象―黄霊芝の日本語小説「輿論」―」（『近代文学試論』第50号、二〇一二・一二）参照。

（8）ディヴィット・ガーネット著／龍口直太郎訳『動物園に入った男』（春陽堂、一九三三・一）
（9）なお、「紫陽花」を「変愛小説」として位置づける把握については、二〇一七年度広島大学文学部前期授業「近代文学研究法」における岡本文香・城下佳香・山根日那子によるグループ発表「黄霊芝小説における〝気持ち悪さ〟の効果について」に教えられた。
（10）佐藤春夫・尾崎士郎・奥野信太郎・壇一雄「座談会　風流ユートピア考」（『群像』一九五〇・五）
（11）後藤明生『小説は何処から来たか』（白地社、一九九五・七）
（12）ホミ・K・バーバ著／本橋哲也・正木恒夫・外岡尚美・阪元留美訳『文化の場所―ポストコロニアリズムの位相』（法政大学出版局、二〇〇五・二）

第一章　小説「董さん」

本章では、戦前及び戦後台湾に発生した歴史的事件を題材とする小説「董さん」（初出『黄霊芝作品集　巻一九』二〇〇一・七）をとりあげ、その方法の具体について明らかにする。なお、本小説は扱う歴史的事件の深刻性のゆえに、黄の他の小説とは異なり、ユーモアの表出はない。この点、総論から引き続き読まれる読者には容赦頂きたい。「日本文学」の例をひくことをゆるされるのであれば、ユーモアとペーソスの作家・井伏鱒二が「黒い雨」執筆時にその文学特徴を封印せざるをえなかったのと同様のことが、黄の「董さん」執筆においても発生していると考えられる。「董さん」は、それでも黄が書かなければならなかった小説ということになる。

一　不条理の連鎖　―二・二八事件と西来庵事件―

小説「董さん」が語るのは、二・二八事件（一九四七年）と西来庵事件（一九一五年）という、台湾で起こった二つの反政府事件とそれに翻弄された人々の姿である。小説は、中学三年生になったばかりの若い「僕」の視点を借りることで、まずは日常の家庭風景から、二・二八事件直後の台湾社会の異常な事態を映し出す。「民国三十六年」「との曇りのある朝」、「僕」は次のような兄たちの会話を耳にする。

「董さんが銃殺されたそうだ」
「そうか、とうとう……」
「気の毒だなあ」
「というより、申しわけないんじゃないかな」
「お母さんが随分と悲しがっているに違いない」

董さんは同年二月二八日に発生した動乱の「主謀者の一人」として捕らえられ、見せしめのために「台南中正公園」の広場で殺された。董さんについて何も知らない「僕」に対し、長兄は董さんのことを「偉い人だ」と語る。董さんの生みの親は日本人であったが、董さん自身は「僕は台湾人だ」と主張して戦後も台湾に残り、弁護士活動を続けていたという。

一体なぜ董さんは日本人でありながら、台湾人として生き、そして死ななければならなかったのか。小説はまず、二・二八事件の顛末から語る。

二・二八事件とは何だったのであろうか。

事件の起きた二月二十八日の前夜七時半頃、台北駅の裏通りで密輸タバコを売っていた中年の台湾人寡婦に対して、取締りの警員数名がタバコを取り上げ、所持金までを没収した。それを取り返そうとした婦人に向かい、警員は銃床でその頭を殴り、婦人は血を流して倒れた。それを目にした群衆が憤慨し、警員らを囲んだ。警員らは逃げ出したが、逃げながら発砲した。弾が路人の一人にあたり、即死した。激怒した群衆の数はたちまち脹れ上がり、近くの警察局と憲兵隊を包囲し、逃げ込んだ警員の引き渡しを迫った。が、拒絶された、というのがそもそもの発端らしい。

瞬く間に動乱は台湾全島に広がり、無政府状態を危惧した台湾人は秩序の安定を図るため、各地に二・二八処理委員会を組織する。董さんも人々に「懇願されて台南市の処理委員として行政その他に関与した」。ところが、行政長官公署（国民政府）は、南京の蔣介石へ援軍を密かに要請する。軍は台北に到着すると、民間人に向けて銃を乱射し、さらに二・二八処理委員会の委員をはじめとする有力者や教師などを逮捕。数万人に及ぶ台湾人が二度と家に戻ることなく銃殺され、董さんもその犠牲者の一人となった。

小説冒頭で「僕」の兄たちが董さんの死に対して「申しわけない」、「董さんは僕たち台南人にとって恩人だった」と話す事情はここに存する。董さんはまさしく台湾人（台南人）のために命を落としたのである。

董さんが日本人としてではなく、台湾人として生きようとした動機は、彼の五歳時に起きた抗日事件（西来庵事件）にあった。

少し時代が遡るが、大正四年八月二日、台南に西来庵事件が起きた。西来庵は食菜堂（菜食者の斎場）で小廟だった。もとは五福大帝を祭る白龍庵に附設された童乩の霊場だとも伝えられるが、いつよりか抗日の志士がここに出入りしていた。中心人物は余清芳という男で屏東の人、彼は店員、巡査補、役場の書記…などを経歴し、一度官憲に捕えられたが、のちに釈放されると名を更え、精米所を経営して軍資金にあてていたといわれる。監視の目を光らせていた日本の官憲は、余清芳の仲間の一人蘇東海が対岸の廈門へ渡るところを押さえ、持参していた密書から余清芳叛乱の證拠を手にし、余を捕えるべく西来庵を襲った。（……）一方、余清芳と江定も住民の支持を得て千数百名の手勢を得、ここに大がかりな戦闘がくり広げられた。

右の事件で、警察官の父を持つ董さん（日本名は田沼太郎）は村の宿舎で襲われ、その場で両親は殺された。隣家の炊事場の戸棚に隠れた五歳の太郎だけが、田沼家の奉公人、阿玉によって助けられ、それ以後、彼女の養子として育てられた。

董さんには「生涯にわたり忘れられないこと」が二つあったという。一つは阿玉が事件発生を聞いて、山向こうの町から「ひた走りに走り戻って自分を助け」、その後も「二十数年に及ぶ」「手間賃仕事によって自分を養ってくれた」こと。もう一つは、事件当日「助けを求めて隣の山本巡査の家へ逃げこんだ」董さんを、山本夫妻が「邪慳に」「払い除け、二人だけで逃げた」ことである。董さんはこの山本夫妻を「生涯許さなかった」。また、それゆえに「自分が日本人であることを生涯にわたり恥じ」、戦時中も「警部補の職にありながら宮城遙拝をしな」かったのである。

自分を助け、育ててくれた台湾人・阿玉への深い恩義と、自分を見捨てた日本人に対する絶望と憤りと軽蔑の意識は、その後の董さんの生き方を変えた。董さんは当時の統治者である日本人という出自を捨て、養母阿玉のもとで台湾人として新たに生きることを選択する。しかし、その結果、戦後間もない台湾で董さんは台湾人としての責務を背負わされ、殺された。抗日事件で両親を失い、三二年後に今度は国民政府に対する反乱で自らの命を失うという、この董さんの一生を、単なる個人的で稀な閲歴として片づけることはできない。「董さんの父親は日本人だったために台湾人により殺されたが、董さんは台湾を愛したがゆえに中国人に殺された」という不条理は、戦前戦後と相次いで、しかも別々の統治者によって搾取と弾圧を受け続けた台湾の政治状況下では十分に起こりうる悲劇だからである。

なお、「董さん」は戒厳令下（一九四九〜一九八七年）では決して発表することのできない内容を備えた小説であるが、董さんのモデルとなった人物（湯徳章）(1)が殺されて以降、公にされる（二〇〇一年）までおよそ半世紀

のあいだ、黄霊芝はこの作品を一人あたため続けていたことになる。(2)

二　民族・国籍・血縁の越境　―語りの方法―

（1）時間構成

小説は八つの場面に分けられ、語られている。各場面を語られる順（物語言説）に従って①〜⑧とし、それらを語られる内容（物語内容）の時間によって並び替えたのが、次頁に掲げた図である。

小説の起点（①）から一ヶ月ほど前に遡った②では、「僕」が国民政府の兵士に襲われた体験が語られている。父を病気で亡くした「僕」は、その法会のために従弟と町へ出かけた。途中、兵士に呼び止められたが、「新しく国語となった中国語を勉強し出して日の浅い僕たちには」兵士が「何を喋っているのか見当がつか」ず、「僕」は腕時計と万年筆を奪われる。さらには腹を蹴られて、背後から銃剣で襲われた。このように作中現在の台湾では程度の差こそあれ、誰の身にも理不尽な暴力が降りかかる危険極まりない状況であることが、「僕」の体験を通じて、より現実味を帯びた形で提示されている。

さらに非常事態が発生した所以（二・二八事件）が③④で述べられた後、⑤で小説の時間は一度作中現在に戻り、「僕」に公園広場に横たわる董さんの遺体を目撃させる。その様子が次である。

群衆の背後から背伸びして覗くと、かなり逞しい体格をした初老の人が仰向けに転がっており、眉間に銃

図　小説「菫さん」の時間構成

日本時代

⑥ 大正四年八月二日西来庵事件

⑦ 菫さんの両親が殺される
　阿玉が菫さんを救出する

国民政府

終戦（民国三十四年）

③（民国三十六年）二・二八事件

④ 菫さんが国民政府に捕まる

② 一ケ月ほど前
　「僕」は中国人兵士に襲われる

⇒

① 民国三十六年のある朝　〈作中現在〉
　菫さんが中正公園で殺される　←

⑤「僕」は菫さんの遺体を公園で目撃
　正装した兄嫂の登場

⑧ 菫さんの母が菫さんのもとへ駆けつける

弾の孔が一つ、無気味に覗いていた。そこから幾筋かの血が流れ出し、線を引いてこめかみに垂れていた。土ほこりが血の上に振りかかり、血を求めてか蠅が二、三匹たかっていた。（……）

　僕にとって菫さんは未知の人だったが、何か物悲しい光景だった。捕えられてどのくらい牢に入れられていたのか、どんな審判を受けたのか、皆目見当がつかなかったものの、着ているくたびれた洋服や穢れたワイシャツの襟の乱れざまからも、菫さんの捕えられた過程やその後の倉皇だったことが窺えた。

　非人道的な扱いを受けた痕跡を持つ、未だ生々しい菫さんの遺体の様子を「僕」が確認した後、小説は再び時間を大きく遡って、日本時代の西来庵事件のあらまし（⑥）と、阿玉が命がけで菫さんを救った経緯（⑦）を明らかにする。作中最も長い叙述を費やし、阿玉の視点から事件を迫真的に語るこの⑦の場面こそが、小説のクライマックスである。しかし、阿玉が命がけで救い出し、「生涯どこにも嫁がず」「自分の養子として立派に育て上げた」董さんは、戦後一年あまりで新たな支配者によって殺された。小説は、彼女と息子の最後の対面をその末尾に置く（⑧）。

中正公園から僕たちの立ち去ったしばらく後に、あとで聞いた話だが、董さんのお母さん、つまり董氏が駈けつけて来たとのことである。董氏は董さんの遺容をつくづくと眺めたあと、骸の上に優しく毛布をかけた。そして立ち去ったが、口を一文字に結び、涙を見せることはなかったという。

と、彼女が立ち去るや否や、二人の兵士が毛布を剥ぎとり、奪い合いをはじめた。

「涙を見せること」のない母の心中について小説は何も語らない。しかし、彼女の無念と悲しみと憤りを察するだけの材料は、既に⑦の場面で与えられている。

①（作中現在）→③④（過去）へ、⑤（作中現在）→⑥⑦（さらなる過去）へ、そして再び⑧（作中現在）へと往復を繰り返すこの小説の時間構成は、今ここで起こっている出来事の所以を過去に遡って十全に説明するという機能だけでなく、三度に渡って読者を董さんの死に引き合わせる仕掛けでもある。一度目は伝聞（①）で、二度目は「僕」の目を通じて（⑤）、三度目は董さんの死体に優しく毛布を掛ける彼の母の姿に読者は直面させられる（⑧）。最初は「僕」も全く知らない人物であった董さんの死が、合間に挿入された情報によって彼の生きざまが明らかになるにつれ、読者にも取り返しのつかない事態として否応なく認識されることになる。董さんは日本人であることを捨て、阿玉は自身の一生を捧げて母子となった。しかし、そのかけがえのない二人の生活は政変により、あっけなく奪われる。小説冒頭①の場面で「僕」の兄たちが語る「お母さんが随分と悲しがっているに違いない」という言葉は、董さん母子が実は血のつながりのないことを知らせる⑦の記述を経て、その重みを

一層増すことになる。

（2）名称、言語

この小説は、董さんの身に降りかかった二つの歴史的事件を西暦ではなく、「民国」や「大正」といった、あくまで統治者側の用いた年号にのっとって語る。こうした表記の在り方は、作中に流れる時間を一連のものとして捉えようとする読者の思考を必然的に妨げる。使用される二種類の年号は、本来は連続するはずの人の一生や、台湾という一つの場所での時間の流れが、二つの統治者によって否応なく引き裂かれていることを示している。また、年号のみならず、董さんが殺された場所である公園の名前の変化についても、小説は次のように記述する。

> 銃殺されたという中正公園は台南市のほぼ中心部に位置する円形の公園で、六本の道路が放射状をなしてここに繋がっていた。日本時代には大正公園とよばれ、中央に四代総督児玉源太郎の白い石像が建っていた。それを囲む形でかなりの樹齢をもつと思われる梅檀の木が、四季折り折りの緑を広げ、または裸木の姿を寒風に晒したりした。中正公園の「中正」とは蒋介石の号である。

「大正公園」から「中正公園」へという漢字一文字の変化は、台湾における統治者の移行をあからさまに反映している。ちなみに史実に基づけば、この公園の名は「中正公園」ではなく、「民生緑園」（或いは「湯徳章紀念公園」）が正しい。しかし、小説は「中正公園の『中正』とは蒋介石の号である」といった説明をわざわざ付して、二・二八事件で董さんが殺された場を「中正公園」とした。一体誰が董さんを含む多くの台湾の人々の運命を狂わせたのか、小説はその当事者たちを戦前戦後の公園の名に託して告げている。

さらに、登場人物たちの使用する複数の言語も、台湾の置かれた状況の複雑さを物語る。二・二八事件の一ヶ月前、「僕」が兵士に暴行を受けたのは、「新しく国語となった中国語」が理解できなかったことに端を発していた。一方、二・二八事件の最中には、台湾人は「話しかけて相手が台湾語か日本語で答えなければ、片っ端からぶん殴った」。それらの言語が理解できないのは、国民政府の支配とともに新しく台湾へやってきた外省人の証だからである。さらに、董さんは公園で撃たれる間際、日本語ではなく台湾語で「台湾万歳」と叫び、あくまで台湾人として死ぬ覚悟を言語で示した。そして、「台湾の民衆」たちは、「日本時代からの習慣で多く台湾語と日本語を混ぜて」、董さんの最期の様子について「私語き合」う。

日本語教育を強いられた日本時代から、戦後一転して中国語が「国語」となったばかりの台湾では、台湾語、日本語、中国語が交錯し、その言葉選択と理解度が民族性の指標となり、時にその使用が人々の命をも左右する。

しかし、多くの台湾人が中国人との言語不通の状態にあるなかで、新たな権力者の「国語」を逆利用するしたたかな台湾人の姿もこの小説は描きこんでいる。それは、上海に長く住んだ経験を持つ「僕の二番目の兄嫂」である。彼女は、董さんの最期の姿を見るために「中正公園」にやって来たが、その時の彼女の服装に「僕」はまず驚く。今日のような「悲惨壮烈な場にあって、ただでさえ目立つ大柄で且つ目鼻立ちの整った彼女が、緑色のチャイナ・ドレスを着て、しかも真珠の首飾りまでつけて来る」とは「不謹慎にも程がある」と「僕」は思う。ところが、「僕」が予期していなかった「もっと恐ろしいこと」が起こる。兄嫂の姿を目にした兵士の一人が、「兄嫂を誰か高官の夫人だと勘違いし」、「いきなり兄嫂に挙手の礼をした」のである。

その開かれた通路を兄嫂は通って前に出た。そして董さんの横に立ち、じっとその死に顔を見下ろしていたが、やがて目を外らすと今度はかの兵士に向かい中国語で「辛苦了（ご苦労）」といった。それに対して兵士は再び挙手の礼を返した。

それから兄嫂は人々の囲みを割って外へ出てきたが、出しなに僕に向かい、「シナ兵は金持ちに弱いんだよ」と日本語でいった。それが日本語だったことと、声が必要以上に大きかったことで、むしろ群衆に聞かせるための一言のように、僕には聞こえた。「シナ兵」という言葉自体が何となくそれを物語ってもいた。

中国人の価値観を知り抜いている兄嫂は、恐怖と混乱の最中の台湾社会を生き抜くために、あえて驕奢ななりをし、必要とあらば中国語を使用する。それは虐げられている多くの台湾人の姿とは対照的だが、言語や服装によって被統治者の台湾人がたちまち強者の中国人の立場にすり替わるという、その権力構造の意外な脆さを兄嫂の行動は明かす。大陸（外省人）と台湾（本省人）の対立とは、外見上の差はない、遡れば、共通の父祖を持つ間柄での争いに他ならない。

（3）人物設定、配置

既に見てきたように、この小説は台湾人（本省人）、中国人（外省人）、日本人三者の争いを語るが、各々の国籍、民族、血のつながりといった枠組みに基づく人物の単純化をゆるさない。たとえば、台湾人として台湾のために死んだ日本人（董さん）の対極には、警察官という職にありながら、同国人の、しかも隣家の子どもを見捨てて逃げた卑怯な日本人（山本夫妻）がいる。血のつながりがないにもかかわらず、日本人を自分の息子として立派に育て上げた台湾人（董さんの母）が存する一方で、西来庵事件でその日本人（董さん）の両親を殺したのも、日本政府の圧政に抗するためとはいえ、同じ台湾人であった。また、「僕」のように国民政府の兵士におそわれ、暴行を受ける台湾人が存在する一方で、新しい支配者の価値観を逆手にとってしたたかに生き抜く台湾人女性（「僕」の兄嫂）もいる。

作中、中国人による略奪行為は繰り返し描かれ、特に作品末尾での、董さんの母が董さんにかけた毛布すら奪い合う兵士たちの姿はあさましい。それでも、この小説は二・二八事件について次のような注を付すことを忘れない(3)。

いうまでもなく人はさまざまであり、教養もさまざまであった。同じ中国人にしても蒋介石の片腕といわれた楊公琳は終戦の時、蒋介石に自分を台湾へやってくれと願い出たそうだ。蒋がその理由を尋ねると、我々は台湾を日本に割譲し、台湾人に大きな借りをつくってしまった。償いをしなければならぬ、と答えたという。このような人が台湾に来ていたら、あるいは事件は発生せずに済んでいたかも知れない。

ここには二・二八事件が起こらなかったかもしれない可能性が記述され、台湾人を大量虐殺した中国人に対してさえ、小説は一方的で単純な定義のあてはめを嫌う。

さらに細かくみていけば、董さんを助けた阿玉の生家は「三国時代の武将関羽を祀った関帝廟のあるところで、淳朴な民風に加えて忠君愛国の気風の強い村落」にあったと設定されている。すなわち、董さんの育ての母・阿玉が「主人の忘れ形見である少年を新しい主人とし」て育てた行為の背景として、「漢民族の伝統が台湾で脈々と受け継がれている」（岡崎郁子(4)）ことがここには示されている。関羽を神として信奉するような、台湾に根付いた大陸ゆかりの「忠君」の徳が、日本人である董さんの命を救うに益したと解釈することも可能である。

「董さん」は戦前戦後で、言語も価値観も全く異なる二つの時代を生きることを余儀なくされた台湾人の苦難を、血のつながりのない一組の親子に焦点をあてて描いた。このテクストは、董さんの一生を語ることを通じて国家権力の非情と横暴を告発するが、その際、各民族を単純に統治者／被統治者の対立の図式におさめるのではなく、台湾人、中国人、日本人が互いの影響を完全に払拭できるような関係にはないことを示し、三者に分かりやすい優劣はつけられぬよう人物たちを周到に配置している。

小説は問う。一つの民族、一つの国、一つの血のつながりとは果たして絶対的なものかと。たとえはじまりは西来庵事件のような争いがきっかけであっても、人は阿玉・董さん親子のように、国籍や民族や血のつながりを乗り越えることはできないのか。

「董さん」は、第二次世界大戦後まもない台湾を舞台にしながら、まさしく今日的な問題を提起した文学である。「人類を一々国籍で分類しなければならない必要性がホモ・サピエンスの何処にあるのであろうか」（「序にかえて」『黄霊芝作品集　巻三』一九七二・五）という、黄霊芝の根源的な疑問の声が、確かな方法に支えられて小説の底流には存する。無論、董さんが殺されてしまったように、またその遺体を母は黙って見つめなければならなかったように、この世とは不条理そのものかもしれない。「董さん」は西来庵事件と二・二八事件という台湾にとって決して忘れることのできぬ歴史的事件を刻印・記録するとともに、国家、民族、言語、文化の一体化を自明のものとして安住する者に別なるかたちを示し、新たな他者認識と自己省察の機会を与える小説である。

注

（1）董さんのモデルである湯徳章（一九〇七―一九四七）については、岡崎郁子『黄霊芝物語―ある日文台湾作家の軌跡』（研文出版、二〇〇四・二）に詳しい。その他、文献会「台南市『二二八事件』資料摘録」（『台南文化』新三三期、台南市政府、一九九二・六）、謝碧連「二二八事件在台南市与湯徳章律師之遇難」（『台南文化』新四二期、台南市政府、一九九六・一二）参照。なお、湯徳章は日本人の父、台湾人の母の間に生まれており、その点で小説の設定とは異なる。仮に小説がモデルの湯徳章と同様の出自設定であったならば、ここで分析を行ったような民族・国籍・血縁の越境、脱臼というテーマを小説は顕著に打ち出すことはできなかった。そこに本小説の方法の一要点があると言える。ちなみに、董さんの「董」は日本語音（トウ）で「湯」と通じるだけでなく、動詞として「ただす。監督し管理する」、名詞として「しんになるたいせつなもの」（『漢字源』学習研究社、二〇〇七・一一）という意味を持ち、人物の生きざまを体現する名として、小説化にあたり採用されたものと考えられる。

（2）『黄霊芝作品集　巻一九』「あとがき」には「『ユートピア』だけが近作で、他は紙魚の食べ残りである」と「董さん」が旧稿であることが示されている。岡崎郁子（注1）は、「董さん」の具体的な執筆時期について、黄自身から直接「一九四七年の事件からさほどのときを経ていない」との証言を得ており、ここではそれらの情報にしたがう。

（3）※を付して施されているこの注釈は、事件直後のものではなく、事後小説を発表するまでに得られた情報に基づいて加えられた記述と考えられる。

（4）注1に同じ

第二章　小説「蟹」

本章では、黄霊芝の第一作とされてきた小説「蟹」（初出『黄霊芝作品集　巻二』一九七一・二）の方法の具体を明らかにする。

「蟹」は黄自身により日本語から中国語へ訳され、一九七〇年、呉濁流文学賞を受賞した。また、「蟹」は第五回『群像』新人賞第一次予選通過作品であり、この応募の事実から、すでに一九六二年には作品化がなされていたことになる。

『黄霊芝作品集　巻二』、『黄霊芝小説選集』（一九八六・一〇）のいずれにおいても巻頭に収録され、『岡山日報』（一九七一・九・一三〜一〇・四）寄稿の際にも最初に掲げられていることから、黄霊芝自身、本小説を自らの代表作と位置づけていたことは明白である。

一　他者を食べる、他者に食べられる　―世界の循環―

小説「蟹」は次表に示す通り、三つの章からなる。各章の時代は原始時代・近代・現代であり、それぞれ全く別個の人物を配するが、いずれの章も蟹と人間との関わりを語る点で共通する。序章では人類で初めて蟹を食べた若者の様子が、本章では蟹を食べることに命をかけた老乞食の様子が、終章では帰省した青年（或いは中年の男）が岩場で蟹を釣る様子が語られる。「蟹」はこれら三つの時空を超えた場を介して、蟹を食べ―蟹に食べられるという人間の営みの歴史の一部を点描することで、小林正明が指摘する通り、「自然史的ないし宇宙的な規模における類としての人間」を「骨太な主系列に浮かび上が」[1]らせた重厚な小説となっている。

表　小説「蟹」の構成

	人物	時間場所	蟹と出会った場所	蟹との関わり	分量
序章	若者「彼」	原始時代 海辺 部落	海	空腹のため、何者か分からぬ（名付けられる以前の）蟹を食べる。大満足の後、毒があったのではないかと思い、死の恐怖から幾晩も眠れない。	四百字詰原稿用紙約一五枚
本章（一）〜（六）	老乞食「おい」	戦後まもなくの台北 ← 苗栗県の海岸	市場 動物園（海水館） 海	市場で見知らぬ男に蟹を恵まれる。大満足の後、もう一度蟹を食べることができれば死んでもよいとすら考える。蟹と形体の似る熱帯蜘蛛を代わりに食べようとするが、食べられない。人類で最初に蟹を食べた人間のことを思い浮かべる。蟹を食べるために海へと出かけるが、最期は逆に蟹に体をついばまれる。	約七七枚
終章	青年or中年「私」	現代 安平港	岩場 海	岩下から出てきた一匹の小蟹の姿をかわいいと思う。その後、蟹を一匹釣り上げる。	約一・五枚

まず、分量的に小説の圧倒的大部分を占める本章の内容から確認する。台北で暮らす老乞食「おい」は、戦後急激に悪化した生活環境のなかで日常的な飢えに苛まれている。「終日、嘆息まじりに」「町から町へ、ごみ箱からごみ箱を漁り歩く」が、「どこへ行っても歓迎されなかったし、どこまで歩いても腹の足しになるものを見つけることの出来ない日もあった」（本章（一））。そんなある日、「おい」は市場で高価な蟹を施される機会に偶然恵まれる。その蟹のおいしさにすっかり目がくらんだ「おい」は、再び蟹を食べることを目的として海へと旅立つが、途中で行き倒れとなり、最期は海辺で「生きながらにして死斑を浮かべ」ることとなる。そんな死につつある「おい」の下腹部を蟹が食らう。

その何者か（＝蟹。下岡注）は、どうやら鋏のようなものでおいの肉を鋏み取って食べているようすであった。たぶん四、五匹はいるらしかった。世上の一切はおいから遠退いて行くようであった。おいは刻一刻と深み行く幽遠の世界に身を委ねながら、だがはっきりと感じていた。生涯おいに強請ることを止めなかったあの哀れな胃袋が、今もってひくひくと動いていたのを。この期に及んでまだ何かを求めていたのかも知れない。哀れな奴。（本章（六））

「おい」は蟹を食べるどころか、逆に蟹に自身の体をついばまれて果てた。このように本章の内容は「人間が食べものからできているとすれば、人間も食べものではないか」（藤原辰史）[2]という事実を想起させ、人間中心主義を転覆させるものである。「おい」の最期は、食欲に囚われたがゆえの「悲劇」、「胃袋に左右される人間の悲しい宿命」[3]に他ならない。ただし、「おい」は海で果てることにより、自らがかつて食した蟹に自らの屍体を供し、自然界の再生と循環のサイクルに取り込まれた。すなわち、小説は人間が蟹を食べ、そして蟹に人間が食べられるという顛末を描いて、自身の生のために他者を摂取し、そして死を迎えて他者の餌となるという生物の本来の在り方と生命循環のさまを提示している。

さらに、時代を異にしながらも、本章と同じく蟹を食べる／釣る様相を描く序章と終章が配置されることにより、小説は蟹という他者の恩恵を繰り返し受けて種を持続させてきた人類の歴史そのものを浮き彫りにしている。また、特に本章（戦後）と終章（現代）の関係に着目した場合、本章で死んだ「おい」の体をついばむ「四、五匹」の蟹の子孫が、終章で「私」の釣り上げた蟹であると連続的に捉えることが可能である。蟹が人間を食べ、その人間を食べた蟹をさらに後世の人間が釣り上げる。ここにも生命循環のさまを見てとることができるように、小説は構成されている。

序章・本章・終章いずれの人物もみな海に帰属、或いは回帰し、小説の舞台は海に始まり、海に終わる。小説はすべての生命の源を繰り返し示して、世界のはじまり、人類の起源へと読者の想念を運ぶ。

二　なぜ蟹か？　―新しい蟹物語の創出―

しかし、生命循環の歴史を提示するとして、人間が食べ―食べられる生物が、なぜ蟹でなければならなかったのか。

小説は蟹の持つ、多様なイメージを巧みに利用している。蟹は甲殻を脱いで生命を更新することから、洋の東西を問わず、古くから祝福性の強い霊的動物としてみなされてきた。「再生」(4)、「生まれ変わり」(5)といった蟹の象徴性は既に見た通り、小説に生かされている。また、中国文化では蟹をあらわす「甲」が科挙合格者の位を示すことから、「繁栄と成功と高い地位を象徴する」(6)。それは、蟹を特別においしい食べ物と位置づける序章及び本章の記述や、「一斤も二斤もある帝王のような堂々とした真っ赤な蟹」（本章（二））といった小説の描写に通じている。

一方で、蟹は「独特な動きのゆえにしばしば不幸をもたらすと考えられ」(7)、「アフリカではカニは悪の象徴とみなされ」(8)、「中国では、カニのぎこちない横歩きは不誠実やあてにならないことを表す」(9)など、負のイメージも付帯しており、そうした不吉な側面も小説には取り込まれている。序章の若者「彼」は蟹を食べたがゆえに「死ぬぞい、若けえの。誰がむやみに物を食えと言っただ」「この食いしん坊の罰当たりめが！」と三百歳を超えた部落の巫婆に怒鳴られ、何日もの間、死の恐怖を味わわねばならなかった。また、本章の「おい」も蟹を食べることに固執するがあまり、その死を早めた。「おい」は「蟹を食うことに、食いたさの一念に」生活意欲を湧き上がらせたが、結果として、それが死の原因ともなった。唯一、終章の「私」のみが、岩の下から出てきた小蟹をかわいいと思い、逃げた小蟹の様子に微笑し、人間として余裕のある態度を見せている。しかし、小説の末尾は「この日、私は蟹を一匹釣り上げた」という一文で結ばれており、果たして「私」に釣り上げられた蟹は、吉兆を意味するのか否か。序章、本章ともに蟹に振り回される人間を繰り返し描いてきただけに、この後、終章の「私」の身にも何かが起こるという予感や読みを小説は妨げない。

加えて、小説は中華文化圏ではよく知られた、次の魯迅の言葉を踏まえていると考えられる(10)。

多くの歴史上の教訓は、いずれもきわめて大きな犠牲によって得られたものです。たとえば、ものを食べることですが、ある種のものは毒物で食べることができないのを、私たちはすっかり慣れて、あたりまえのように思っていいます。だが、これはきっと以前に何人かの人が食べて死んでから、ようやくわかったことなのであります。ですから、初めてカニを食った人はたいへんえらいと思います。勇士でなければ誰があえてそれを食べるでしょう。カニを食った人がいたのだから、クモを食った人もきっといたでしょう。ただうまくなかったので、後の人は食べなかった。こうした人たちに私たちは大いに感謝しなければなりません。（「今春の感想二つ」（『世界日報』一九三二・一一）。引用は、山田敬三訳『魯迅全集九巻　集外集・集外集拾遺』（学習研究社、一九八五・六）に拠る）

右で魯迅は「勇士」をたたえるが、小説「蟹」では、人類で初めて蟹を食べた人間は飢えて冷静な判断能力を失い、思わず向こう見ずな行動に走った若者として描かれている。そして、その若者は食べた直後に得体の知れないものを食べてしまったことを後悔し、何とか吐き出そうと死にもの狂いで「くるくる舞いをしてみたり」、それが無駄と分かると「ぼろぼろと涙を流」（序章）すなど、一騒動を起こす。

すなわち、魯迅のいう蟹をはじめて食べた「勇士」の実態を黄霊芝流にパロディ化してみせたのが、小説「蟹」の序章や本章ではないかと考えることができる。魯迅は右引用で蟹の比較対象として蜘蛛を取り上げているが、それへの応答も小説にはある。蟹と蜘蛛、両者の類似を見てとった本章の「おい」は蟹の代理として熱帯蜘蛛を食べようと試みるが、[11]結局「気味が悪くて食うことが出来ない」（本章（四））。「おい」は魯迅の言う「クモを食った人」にはなれなかった。

なお、台湾では「一九四九年に国民党が台湾に撤退して以来、魯迅の作品とその他の中国三〇年代左翼作家の作品は、ずっと政府によって禁書にされ」、それゆえに「六〇年代の台湾」における魯迅は「神秘的な存在であった」[12]という。ただし、黄英哲に拠れば、それより以前、一九四五～四七年の台湾では集中的に魯迅紹介が行われており、[13]黄はそれらの紹介を同時代に目にしていた可能性が極めて高い。魯迅の言葉は、戦後の台湾でも引き継がれ、新たなテクストを紡ぎ出す一つの力となっていると考えられる。

また、小説「蟹」同様、蟹と人間が互いを食べ―食べられる様相を描いた詩「伝説」（『歴程』一九五五・一。のち、〈『鹹湖』緑書房、一九五七・二〉所収）の作者・会田綱雄の証言に拠れば、中国では戦争のあった年に獲れる蟹はおいしいと考えられており、それは蟹が戦死者の体を食べて肥っているからだという。(14)そうした伝承を踏まえれば、本章の「おい」は戦死者の身体を餌に肥った蟹を食べ、他類のなかに宿る同胞の命を自身の糧にして命を引き継いだ、戦後を生きる者の代表者として捉えることもできる。なお、「おい」は飢えて汀に倒れる前、それと知らずに人骨を口にし、おいしいと感じている。ここにも同胞の命を糧にして生きる人間の姿が示されている。「自分と同じく生命である他者が、自分には美味な食物であるという事実」が「悪夢的なもの」（伊藤佐枝(15)）として「おい」に突きつけられているとも言えよう。

以上のように、「蟹」は魯迅の言をはじめとする先行する蟹のイメージを活用し、他類や同胞を食べることと同義である人間の生の様態を豊かに提示している。

三　乞食の「おい」に託された役割

それでは、なぜ小説は本章の中心人物「おい」を乞食の身分に設定しているのだろうか。この問題については次の三つの理由があげられよう。

まず第一に、この小説は乞食の「おい」を通じて人間の理想的な死を実現させようとしていると考えられる。実は、最終的に蟹を求めて西へと向かう「おい」の行動とは台湾の地理を知る者からすれば、奇妙な道行きである。なぜなら、「台北橋の袂の木材置き場」（本章（三））に住む「おい」が海へと向かうに最短の方法は、そのまま台北橋のかかっている淡水河を北に遡って海に出ることだからである。その距離も約二〇km程度であり、海へ出るのに病身の老人の足でもせいぜいかかって一週間程度であろう。この旅程をとれば、「おい」はおそらく無事に海に辿りつき、蟹にありつけたはずである。[16]ところが、小説はなぜか「おい」にこの最も容易な方法をとらせず、「海は間違いなく西にあるはず」（本章（六））だと認識させ、太陽の落ちる方角へと目標を定めて旅立たせる。果てに「おい」は道に迷って飢え、冬の来訪という悪条件も加わり、苗栗という台北から遠く離れた場所で命を落とすことになる。明らかに小説は故意に「おい」を無事に海へと導かず、あたかも西方浄土を目指すかのような旅を「おい」に用意している。[17]

蟹についばまれる「おい」の最期は、自然や他類との相対化による人間という存在の弱さを改めて知らしめる。ただし、それは死を代償とした自然への回帰であり、「おい」の求めていた「安住の地」（本章（五））への到達をも意味していた。他者からの施しにもっぱら支えられていた「おい」の生命は、その死によって他者の生のなかに実を結ぶ（生かされる）。近代以降の文明社会において、こうしたかたちでの人間の本然の姿への回帰、再生は通常は実現困難であろう。小説は日々の食にも事欠く乞食を主人公に設定することで、この道行き（理想の死）を体現し得た。

第二に、小説は乞食の「おい」の視点を借りることで日常世界の異化をはかり、近代（文明）批判を行い得ている。それが顕著にあらわれるのが、たとえば動物園における「おい」の次のような発想である。

人間だって動物である。とすると一人くらい動物園の檻に入っていても好いのではないか。動物園に入ってさえいれば少なくとも飢えに苛まれることはなかった。毎日ちゃんとご飯が食べられる上に、こうやって時には子供たちからも何かと貰える。しかも寝藁の温かい、冬でもへっちゃらな檻に住んでいられるのだ。つくそうめ！　まるで天国ではないか。お巡りには叱られずに済むし、おかみさんには罵られながら謝る必要もなかった。何とおいは頭の好い奴だろう。旨いことを考えついたものだ。（本章（五））

右のような「おい」の考えは、人間である彼の生活が動物園の動物以下であること、すなわち、「猿でさえ鼠でさえ安閑として日が送れるのに、おいは一匹の獣にすら値しな」（本章（六））いことを告発するものである。また、「おい」は言う。「人はよく人類は偉大だとか、科学が発達しただとか、原子時代だの、歴史が何千年だの、そんなことを言って威張るが」、「地球上から寒さと飢えが追っぱらえない以上、人間はちっとも偉くなかった」（本章（六））。まさに「おい」自身、寒さと飢えを克服できず、死を迎えた人間である。そのことからすれば、小説は高所から一方的に近代文明への批判を行うのではなく、人類の一員でありながら、その人類の無力を身をもって体験せざるを得ない周縁的、最下層の存在としての乞食の「おい」の立場を最大利用して、より切実なかたちで人類の知性や近代への疑義を提出していると言えよう。

そして第三に、乞食とは戦後台湾人の立場をカモフラージュして託すに格好の身分であったことが考えられる。

山折哲雄は近代の詩人で「釈迢空・折口信夫ほど乞食に親愛の情を示した人間はいなかった」とし、「わが身を乞食にやつす幻想のなかで、ひそかに心を昂らせるようなところがあった」[18]と論じているが、類似の発想が終章の「私」にも見える。「子供の頃から落ちぶれて乞食になってしまいそうな予感のあった私は、いきおい乞食になった後のことばかり考えていた」。このように終章の「私」があかす「乞食になった後」についての想像の産物こそが、直前まで語られていた本章の乞食の「おい」の姿だと読むことができる。[19]つまり、本小説は小説の成り立ち自体を自ら語るメタフィクション的構造を持っていると言える。そのように読んだとき、終章の「私」は本章の乞食の「おい」の創造主ということになる。

しかし、仮に終章の「私」の零落への恐怖や誘惑が本章の乞食の「おい」という像を生んだのだとしても、「おい」の生きる時代がわざわざ一九四〇年代末~五〇年代初めに設定されていることは見逃せない点である。この時期の台湾は、国民党の失政による汚職、物価高騰、食糧危機、衛生環境の悪化、二・二八事件（一九四七年）、戒厳令施行（一九四九年）、その後も横行する民衆弾圧（白色テロ）に見舞われていた。「おい」は戦前／戦後の変化を乞食の立場から次のように述べる。「自体戦争が終わってから世のなかの景気はめっきり悪くなりやがった。人々は驚くほど吝嗇になったし、加えて乞食も増えやがった」。「戦前はごみ箱さえ漁れば飢えることは」なく、「おいたちの暮らしにはゆとりがあった」が、「戦後になると滅茶苦茶になってしま」い、「もう世のなかはお仕舞いであった」（本章（一））。この生存するにはあまりにも辛い状況が、都市に住んでいた「おい」を海へと追いやる。「毎日毎日飢えた腹を抱えて町をうろつき、警察に叱られ、子供たちに石を投げつけられる。犬に吠えられ、涙を流し、喘息に苦しめられる。こんな生活を無際限に続けるくらいなら思い切って海へ行くべきだった」（本章（六））。

「おい」が海を目指す旅に赴く直接的なきっかけは、もう一度蟹を食べたいという欲求にあったが、その無謀な行為を後押しした要因は「おい」の生きる過酷な時代にあった。「蟹」は戒厳令下（一九四九~一九八七年）で発表された小説であり、政府に対する批判をあからさまに記すことはできないが、「おい」の生活環境には戦後台湾社会の酷薄な様相が確かに映し出されているのである。よって、台北を一人離れて辺境へと旅立つおいの姿を政府に虐げられ、政治の中心から追いやられた台湾人の暗喩と見なすこともできよう。[20]

乞食は古来から「賤しきもの／神聖なるもの、それゆえ不浄／浄のあわいを往還」（赤坂憲雄[21]）し、「中国の歴史において帝王と乞食、英雄と乞食、文人と乞食、聖賢と乞食の縁は深い」（劉漢太[22]）とされる両義性を孕む存在でもあった。乞食の「おい」とは、あるべき地位から不当に貶められた台湾人の象徴としても捉えうる像なのである。

黄霊芝が最後に発表した小説「ユートピア」（『黄霊芝作品集　巻一九』二〇〇一・七）では、語り手「僕」が市場で腐りかかった魚をあえて買う理由について、次のように説明している。「魚たちは僕たち人間に食べられるために、一つしかない命を死んでくれたんだ。それを食べもしないで腐らせるなんて、僕には出来ないんだよ。彼らの目を見ているとね、自分の体が腐りつつあるのを自分の目で見ているんだな。僕にはとてもそれが見過ごせない[23]」。

「おい」の最期とは、まさしく「自分の体が腐りつつあるのを自分の目で見ている」魚の立場に人間を置いてみせた例であった。蟹に食べられた「おい」は、売れ残りで腐るしかない魚に比べれば、まだはるかに幸せだったということになろう。黄文学に見える、こうした人間中心主義を脱臼するような認識は果たしてどこからもたされたか。「ユートピア」には、次のような述懐も存する。

「あのね、僕たちの世代を考えてみるとね、たとえば僕の場合、生まれた時は日本人だったんだが、成長して少年期を終えた頃に突然、国籍が日本から民国に変更された。そうすると思想も倫理観も何もかも標準が変わってしまうよ。価値観が変わってしまうんだね。そして人はそれに逆らう力を持っていない。受諾し、流されて行くしかないんだ。もちろん浮かび上がる人もいるだろう。ただね、こういった社会の変貌は生物における進化とは別物なんだ。（……）だから大多数の人間が落ちこぼれてしまう。これは明治維新の際にせよ民国誕生の時にせよ、同じなんだ。僕なんかも落ちこぼれの一人だよ。こういう人間は諦めやすくできているんだ。殊に僕は若い頃に胸を患って十六年間も病床生活を送ったからね。（……）」

すでに総論でも述べたが、右で語られる「僕」の履歴は、そっくりそのまま黄霊芝のそれと合致する。日本時代と中華民国時代という戦前戦後の二つの時代の跨ぎと、そこでの落伍。さらには肺病による死と背中合わせの日々が、黄の辛辣な人間観、世界観を形成した主たる要因であることはまず疑いえない。乞食に落ちぶれた「おい」とは、まさに黄霊芝の自画像でもあった。考えてみれば、他者に食われるという点で意味ある最期を迎えられた「おい」よりも、植民地時代に習得した日本語では作家として立つことはかなわず、またいつ死を迎えるかも分からぬ状態で戒厳令下の台湾を生き続けなければならなかった黄の現実の方が、よほど不条理だったと言うべきかもしれない。

しかしながら、表面上は黄自身のそうした個人的な履歴と私情を一切排するかたちで、小説は人間の理想としての死を「おい」に託して描いた。この小説からただにポストコロニアルの心象を抽出して、それで事足れりとするならば、かえって対象を不当に小さく貶めることにもなろう。「蟹」は誰もが避けることができぬ〈食べること〉をめぐって引き起こされた珍騒動なのであり、台湾をよく知る者にも未だ知らない者にも開かれた、ユニークなテクストである。

小説「蟹」は、戦前戦後の政変による苦渋と忍耐のなかで生まれた黄文学の思想の核を知る上でも、また戦後台湾であらわされた日本語文学の水準を知る上でも、極めて重要な一作と位置づけられる。

注

（1）小林正明「黄霊芝「蟹」」（『国文学　解釈と教材の研究』二〇〇七・一〇）。なお、黄自身は「蟹」の執筆意図について、次のように語っている。
私の意図は〝動物としての人間の地位〟であり、〝人間の原始的な意義〟であったと思う。ものを食べるということ（物を探すということ、そして物はつねに屍体であり）―は生きるということであり、生きることは死ぬということへの肯定であり、死ねば一生者にとって餌として何かを供給するということである、という思想を背景にしたものである。主人公を乞食にしたのは乞食が現代における唯一の非生産者（文明世界の中で原始的形体を遺している）だからである。そういったことを色々の立場から書いてみようと試みたものである。

（『岡山日報』一九七一・九・一一）

（2）藤原辰史『食べること　考えること』（共和国、二〇一四・六）

（3）拙稿「黄霊芝「蟹」論―〝人間の原始的な意義〟とは何か？―」（『現代台湾研究』第37号、二〇一〇・三）

（4）アト・ド・フリース著、山下主一郎ほか訳『イメージ・シンボル事典』（大修館書店、一九八四・三）。中山太郎「蟹守土俗考」（『日本民俗学　風俗篇』大岡山書店、一九三〇・一〇）は、蟹が「霊的の動物として、古代の民族から崇敬されてゐた事実は、明白」と述べ、『古語拾遺』の記述や沖縄の習俗に見られる、産室に蟹を這わせる行為を「子供の蟹の如く生命を復活して、何時までも、若く健康であれと、祝福した土俗であらう」と述べている。なお、中山は蟹について「蟹胥は、帝王の食べる物と定められてゐたのであらう」こと、「蟹が嫁の縁語となつてゐる」ことなども指摘している。それらは小説「蟹」における描写、叙述である「帝王のように堂々とした真っ赤な蟹」、「結婚式が終わってこれからお嫁さんをしゃぶろうと言う時のお婿さんがやはりこう言う風に胸をときめかすのだろう」（本章（三））などに通じており、中山の論考に黄が目を通している可能性も考えられる。

（5）ハンス・ビーダーマン著／藤代幸一監訳『図説世界シンボル事典』（八坂書房、二〇〇〇・一一）

（6）ジュディス・S・ワイス著／長野敬・長野郁訳『カニの不思議』（青土社、二〇一五・二）

（7）注5に同じ
（8）ミランダ・ブルース＝ミットフォード著／若桑みどり訳『サイン・シンボル事典』（三省堂、一九九七・九）
（9）ミランダ・ブルース＝ミットフォード著／小林頼子・望月典子監訳『サイン・シンボル大図鑑』（三省堂、二〇一〇・四）
（10）なお、この魯迅の発想は夏目漱石「吾輩は猫である」九章における「……始めて海鼠を食ひ出せる人は其胆力に於て敬すべく、始めて河豚を喫せる漢は其勇気に於て重んずべし。海鼠を食へるものは親鸞の再来にして、河豚を喫せるものは日蓮の分身なり」（『ホトトギス』一九〇六・三。引用は『漱石全集　第一巻』（岩波書店、一九九三・一）に拠る）の一節に喚起された可能性がある。
（11）日本でも平安時代以降、和歌等において蜘蛛の異称として「ささがに」という呼称が用いられており、蟹と蜘蛛の類似は古典的と言うべき把握である。
（12）陳芳明著／山内一恵訳「台湾における魯迅」（中島利郎編『台湾新文学と魯迅』東方書店、一九九七・九）。陳芳明は、黄栄燦が一九五一年に銃殺されたときをもって「魯迅文学の伝播は、ここに至ってすべて停止した」とも述べている（陳芳明著／下村作次郎訳『台湾新文学史　上巻』第九章、東方書店、二〇一五・一二）。
（13）黄英哲『台湾文化再構築1945～1947の光と影　魯迅思想受容の行方』（創土社、一九九九・九）は、台湾文化協進会の機関誌『台湾文化』の「魯迅逝去十周年特輯」（一九四六・一一）や、『中華日報』日本語版（一九四六年一〇月二五日以降廃止）における龍瑛宗による魯迅紹介文等を詳しくとりあげている。台湾文化協進会研究組主任である陳紹馨（一九〇六―一九六六）は黄霊芝の姉婿であり、少なくとも『台湾文化』は黄霊芝が目にした可能性が極めて高い媒体と言える。なお、台湾文化協進会については、本書第二部第一章のインタヴューにおいて黄自身からの言及もある。
（14）会田綱雄「一つの体験として」（『現代詩文庫60　会田綱雄』思潮社、一九七五・一）。会田はその民間口承を戦中の南京で聞いた経験から「伝説」を創作したと述べている。なお、畑有三「鹹湖（会田綱雄）」（『国文学　解釈と鑑賞』一九六六・一）は、「伝説」の蟹のイメージがオッセンドフスキーの詩から導かれた可能性を指摘している。なお、この会田の詩の存在については、西原大輔氏に教えられた。

　また、蟹が人間の体を喰らうという発想は近年の日本の小説である湯本香樹実「岸辺の旅」（『文学界』二〇〇九・九）、道尾秀介「月と蟹」（『別冊文芸春秋』二〇〇九・一一〜二〇一〇・七）などにも見え、蟹と人間の食べ—食べられる関係性は文学上、いまだ有用なモチーフと言える。

(15) 伊藤佐枝による下岡宛私信（二〇一六年五月二〇日付）からの引用。伊藤氏には引用にあたって許可を得た。

(16) 小菅丈治『カニのつぶやき』（岩波書店、二〇一四・一二）には、「台北市郊外の関渡地区は淡水河の河口に当たり、メヒルギを主体としたマングローブ林の保護区がある。大都市の下流に位置することもあって、干潟の泥はところにより腐臭を放つが、見え隠れするカニの姿はすこぶる多い」とある。

(17) 初出『黄霊芝作品集　巻二』から『黄霊芝作品選集』（一九八六・一〇）収録にあたり、本章の「おい」を食らう蟹は「二、三匹」から「四、五匹」へ、「おい」が最期を迎える場所は「新竹」から「苗栗」へと改められている。この改稿により、「おい」の肉体はより多くの蟹に供されることになるとともに、「おい」の道行きはより遠く、過酷なものに造型された。なお、蟹と乞食の結びつきとしては『万葉集』巻第一六「乞食者の詠二首」の「蟹の為に痛みを述べて作りしもの」との関連も考えられる。縛られて干され、塩を塗られて食べられる蟹の痛みを乞食者がうたう内容である。

(18) 山折哲雄『乞食の精神誌』（弘文堂、一九八七・三）

(19) 小林正明（注1に同じ）は「急をなす後日譚が、じつは破である「おい」の物語の起源を仮構し、序の起源譚の神話をもまた急に由来する。こうした主体の分化と序破急の相互転換は、小説を領導する語りに屈伸性と流動性を付与する」と「蟹」の構造を高く評価している。

(20) 岡崎郁子に「老乞食は、戦後日本からは見放され、国民党政府からは迫害を受けることになった台湾の知識分子そのもの」との指摘がある（「「蟹」に見る台湾作家黄霊芝の日本語能力」（『吉備国際大学研究紀要』第20号、二〇一〇・三））。

(21) 赤坂憲雄『異人論序説』（砂子屋書房、一九八五・一二）

（22）劉漢太『中国乞丐社会』（東方書店、一九九一・九）。黄霊芝『台湾俳句歳時記』（言叢社、二〇〇三・四）の季語「乞食祭」の項目にも「乞食は仙人。昔の台湾には上九流と下九流の二つの社会があり、乞食はどちらにも属さず独自の自治体をもっていた」ことが述べられている。

（23）同様の発想は、黄霊芝の他の小説にも確認できる。「自体、人間はあまりにも尊大すぎる。万物の霊長だと自惚れ、地球上では優先権があるのだと思っている。青菜を勝手に食べているのだって、青菜の同意を得ているわけではない。万物の霊長などと偉そうなことをいったって、とどのつまりは弱肉強食の権利を行使しているだけである」（「聖」『黄霊芝作品集　巻一〇』一九八四・二）、「人のために死んでくれた野菜たちに無駄死にをさせないためにも、人は彼らを食べねばならない義務があった」（「市場」『黄霊芝作品集　巻一九』二〇〇一・七）。

第三章　小説「紫陽花」

本章では、「紫陽花」（初出『岡山日報』一九七一・一一・二二～一二・二〇。のち、『黄霊芝作品集　巻三』一九七二・五に所収）をとりあげ、その方法の具体を明らかにする。

『岡山日報』掲載にあたっては、初回（一九七一年一一月二二日）に「作品は二十数年前、日本敗戦直後に書かれたもので、それを今回、本紙のため特に加筆補作されたものである」との紹介記事が付されている。『黄霊芝作品集　巻三』所収の際、字句や文末に細かな表現上の改稿が加えられているが、全体の構成や内容に大きな異同はない。なお、『岡山日報』は一九五二年五月に創刊した地方経済紙である。代表取締役であり、主筆であった原敏が岡山県日華親善協会副会長であった縁により、黄の寄稿が実現したが、原氏の急死（一九九九年三月八日）により、一九九九年三月二九日付をもって同紙は廃刊した。

一　聴覚（声）を信奉する主人公

小説「紫陽花」の舞台は、日本の敗戦から四年目を迎えた一九四九年の台北である。二〇歳の「伸」は、日本人の母親と二人で台北の静かな住宅地に暮らしている。台湾人である父は三年前に獄死した。小説冒頭の季節は

「紫陽花の咲き始める頃」（一。括弧内の漢数字は引用の章番号をあらわす。以下同様）である。肺病を患って自宅療養する「伸」は、自家の裏の三間長屋から漏れる「何処となく哀愁を帯びた少女の声」（二）に心ひかれている。「伸」は、毎日外出するらしいその少女の姿をはっきりと見たことはないのだが、彼は声一つで「睡蓮の花びらのように哀愁を湛えた一人の少女」（三）を思い浮かべて恋している。[1]「伸」は人間は視覚に頼りがちだが、むしろ聴覚の方が「本質的なもの」をとらえうると考えている。

古来盲人は滅多に人を誤ることがないといわれていた。それというのも視覚に惑わされることなく相手を捕えることが出来るからだろう。相手を理解するには視覚はむしろないほうが好いということもいえるのだ。そのような視覚――いい変えれば容貌などに――価値のないことは解り切ったことであった。そこへ行くと伸は耳で少女を捕えていた。視覚に禍されずに本質的なものを捕えていた。それで充分ではないか。何も少女の顔形を見るには及ばないのだ。（三）

実際には「一目でも少女を見たいものだ」と、窓から「しげしげと覗き見を企て」（二）ている「伸」なのだが、右引用にも見られる「伸」の聴覚信奉は、彼が声に惹かれていた自家の裏の少女が実際に「考えていたのと寸分違わない、いやそれよりももっと美しい、もっとたおやかで華奢で無垢で、そして甘美な少女」（四）であったことにより、正しい把握であったと証明されることになる。

「伸」の家の庭に月下美人が咲いた夜、裏の少女はその花の美しさに思わず「まあ、きれい！」と言葉を発した。その声に振り向いた「伸」ははじめて少女と顔を合わせて姿を確認した。しかし、二度目の対面はなされぬまま彼女は転居し、行方知れずとなる。「愛情をひらりとかわされてしまったような、拒絶をされたような奈落に落ち込」（六）む「伸」だが、そんな彼に再び「僥倖」（八）をもたらしたのは、やはり彼が信奉する聴覚、声という指標であった。

少女の転居からしばらく経ったある夜、「伸」はラジオから流れた「甘やかで匂やかで、そして哀愁を湛えた」「紛れもないあの裏の少女の声」を耳にする。「あれほどに愛していた人である。聞き違える声ではなかった」という絶大な自信のもとに、「伸」は彼女がラジオのアナウンサーであったのだと了解する。彼には声一つで「マイクロフォンの前に彼女がちょこんと座っている図」が「手に取るように見える」（八）。「伸」は毎晩決まった時間に「懐かしい少女の声」を聞くことで、「まるで一緒に住んでいるみたい」（十）という幸福感に満たされていく。

ところが小説が用意するのは、裏の少女とラジオのアナウンサーとは全くの別人だったという「伸」にとっては残酷な結末である。何の前触れもなくラジオに登場しなくなった彼女を心配した「伸」が「勇を鼓して放送局へ行ってみる」と、そこには裏の少女とは全く異なる「無愛想な」、しかし「姿は悪くても声は確かに美しい」（十二）い少女がいた。「どうしてこんなことになったのだろう」と「伸」は動揺を隠せない。

自分が愛して来たのは一体どっちなのだろう。声一つで相手の人柄から何から何までを理解出来ると信じ、視覚に煩わされず最も純粋な形で相手を愛することが出来ると信じて疑わなかった心が、裏の少女ではないと知ったとたんに崩壊してしまったのだ。

何故だろう。どうやら伸が愛していたのは裏の少女だったらしいのである。厳密にいえば伸は裏の少女よりもラジオの少女とより親しかったはずである。余計に声も聞いたし色々の出来事にも出会った。それなのにどうしてこういう結果になるのだろう。理由はただ一つ裏の少女の方が美しいという点だけだ。そしてラ

ジオの中の少女は美少女ではなかった。人は矢張り耳より目を頼りたがっているのだろうか。（十一）

「伸」の聴覚信奉は、あえなく挫折をみる。結局「伸」もまた視覚の美に囚われる、凡庸な価値観の持ち主であった。

小説は全十二章の第十一章に至って、ようやく裏の少女＝アナウンサーの少女という「伸」の思い込みを誤った認識とあかす。「伸」の恋が破れた後、「伸」の家の庭の紫陽花はいたんで、「黄斑の汚点に穢れて見る影もな」（十二）い。紫陽花の咲き始めから終わりに至る間の「伸」の一夏の恋と破綻が、この小説の劇である。読者も、アナウンサーと裏の少女が同一人物であるという客観的証拠はないと知りつつ、一度は聴覚に基づく「伸」の判断が正しかった（裏の少女は彼の想像通り美しかった）ことや、逆に別人と断定するに足る情報もないため、「伸」同様、作品最終部に至るまでミスリードされる。

聴覚への信奉とともにもたらされた「伸」の恋は、彼が少女のゆくえを実際に確かめようと放送局へ足を向けた途端、もろくも崩れ去った。一青年の自意識過剰な思いこみと失恋という経緯は、たとえば武者小路実篤の小説「お目出たき人」（洛陽堂、一九一一・二）を想起させるが、「伸」の聴覚への過剰な信頼とそれに基づく想像力は「お目出たき人」以上の「お目出たさ」を発揮しており、そこに本小説の極めてユニークな相貌がある。その表現の具体を次に確認する。

二　おそるべき妄想の力

声一つから想像していた裏の少女が、真実美しい容貌の持ち主であったことを知った後、「伸」は朝早く「役所の衛生隊」の様子を耳にして、次のような想像にふける。

そして伸の家から汲み出された水液は大通りで待っている運搬車の水槽の中で突然に少女の家の水液に邂逅するのだった。その時異性の彼等は互に羞み合い、もじもじとし、それから青きドナウの流れのようにしずしずと混り合って一つになるのであった。彼等は運搬車に積まれて町を出、百姓たちの肥料として地球上のどこかで手を取り合ってしみ込んで行くのである。

伸は彼と同じように布団にくるまったまま相聞の歌をうっとりと聞きつつ目覚めているかも知れない少女の瞬きを思い浮かべ、体が甘くなって行くような幸福感に浸るのであった。そして少女も幸福な思いにふけっているだろうかと考えて無性に嬉しくなるのだった。（五）

ここで「家から汲み出された水液」とは、もちろん回収される排泄物、汚水のことである。それらが「汲取口にぶつかるブリキの音やら水音やら」の「反響」を、「伸」は「相聞の歌」と見立てる。さらに、自家と少女の家から集められた汚水を、自分と少女の分身として「青きドナウの流れのようにしずしずと」「一つになる」様子を思い浮かべる。「伸」の恋情が生み出す、こうした常軌を逸した想像に、この後もしばらく読者は付き合わされることになる。裏の少女が転居し、一度は失われた彼女をラジオのなかに再び見出した後、「伸」の空想はさらに加速度を増し、小説の地の文の大半を占めていく。

「伸」はラジオを聞きながら、アナウンサーの「少女が彼の耳を意識しながら放送しているかどうか」に「留意」している。だが、「彼女の態度から自分に対する愛慕を読みとることが出来な」い。当然である。しかし「伸」は、その理由を次のように考える。

しかし考えてみると、これは彼女が転居してからかなりの日が経っていることにも関係がありそうだった。（……）「まあ、きれい！」といった翌日辺りにラジオを聞いていたら、或いは少女の心に愛の溢れていたことが解ったかも知れないのだった。少女もそれを望んでいた。それなのに自分は少女がアナウンサーであることを知らず、チャンスを失なったばかりか彼女を怒らせてしまったとも考えられるのである。ひょっとするとあの翌日、少女はラジオのなかで伸にだけ解る愛の囁きを送ってくれたかも知れないのだ。それを返事しなかったものだから少女は腹を立てて引っ越してしまった。ああきっとそうに違いない。（十）

少女の転居を自身の行為ゆえと考えるに至る「伸」だが、右傍線部「きっとそうに違いない」との判断を導くに足る客観的根拠はどこにもない。たとえば、ドン・キホーテの空想は空想として、常に従者サンチョ・パンサによって暴かれ相対化される仕掛けを持つが、この「伸」の想像は誰もその荒唐無稽さを傍で指摘する人間がいないだけに止まるところを知らず、野放しのままである。ラジオの放送中に少女が「言葉をつかえさせる」原因についても、「伸」は次のように考察する。

それにしても何故つかえるのであろうか。昨夜睡眠不足だったのだろうか。そして睡眠不足なのは何故だろう。男と遊んだのではあるまいか。それとも裏の家に住んでいた少年を思い出して眠れなくなったのか。しかし伸は故もなく少女が生理日を迎えているためにぼんやりしているのではなかろうかと考えるのであった。何しろ背中合わせに住んでいたのだから何でも解りそうな気がするのだった。そして生理日のような他人の秘密まで解るのだから自分の愛がよほど強く正しいのだと考えないわけには行かなかった。（十）

「伸」の考察は、「あろうか」「だろうか」と推測が積み重ねられた挙げ句、「考えないわけには行かなかった」と断定調で結ばれる。実は「伸」自身、「こうして日夜彼女を思いつめている自分が実は精神病ではないかと心配することもあった」。そして、「もし彼女が全然自分の存在などに気を止めていず、自分を愛してもなく、記憶にすらないとしたらどんなに惨めで滑稽だろうか」と省みる一節もある。しかし、その疑いや不安は「幼ないころより勘は好く働いたしそして大抵の場合勘は正確だった」、「要するに縁さえあれば何時かは結ばれる」（十）という彼の信条のもとに一蹴され、彼の妄想を食い止める歯止めとしては、結局少しも機能しないのである。

また、「こういう伸の一人よがりは、しかし必ずしも病気のために世間と没交渉になっているところから来た一人合点でもなさそうであった」（十）という語りとともに、「伸」の空想をさらに助長するような出来事も小説には用意されている。それは「伸」がラジオの放送局に番組表を申し込むと、返信として月下美人の切手が貼られた封筒が届いたことである。月下美人は少女と「伸」が対面する機会を作った花であり、彼らのはじめての邂逅を記念する「二人に由縁りの花」であった(2)。返信用切手としてあらかじめ揚羽蝶の切手を同封していた「伸」は、月下美人の切手は少女がわざわざ自分への思いを込めて用意したものと考えて、「ああああの夜の出来事を少女も忘れてはいない」と「有頂天になってしまう」（十）まう。

こうした小説が用意する紛らわしい出来事とともに、「伸」の様子は、「少女の声が聞こえる度に」「恍惚とし、心持ち恥ずかしげな科まで作ってラジオのスピーカーに頬を寄せる」（九）、「抱くには少し不恰好に過ぎる電蓄を抱いてやるせなげに頬を寄せた」、「電蓄の飾穴から内部を覗き放送室に座っている彼女に合図を送」（十）るなど、次第に狂わしいものとなっていく。

さらに、アナウンサーの彼女が英語に堪能で、日本からの教育視察団にしばらく同行していたことを知った「伸」は、「日本人と親しく語り合ったということは母親に日本人をもつ」自分にも「嬉しい」ことだと感激し、遂にその夜、夢の中で彼女と「契りを結」ぶ。

華奢な彼女は伸に抱かれてその胸の中にすっぽりと納まった。柔らかい前髪が伸の頬に振りこぼれ、何処かで睡蓮の咲いているような静けさの中で二人は何時までも抱き合った。初々しい肌をもった彼女は伸の腕の中で羞じらい勝ちにその黒い眸を瞬いた。伸は彼女を抱きしめ、一枚一枚鱗を剥がしながら魚のように交わるのだった。（十）

「目が覚めた時」「少女がたった今身籠ったような気がしてならなかった」とさえ感じ、幸福の頂点を極めた「伸」だが、実際には直後の章（第十一章）で、裏の少女はアナウンサーではなかった事実が明かされるだけに、想像と現実の落差はより大きいものとして顕現する。少女の職業が実際にはバスの車掌であったことを知った「伸」は「彼女に軽い失望に似たものを感じ」る。すなわち、「伸」は裏の少女の美しい容貌（それは常に睡蓮のイメージで語られている）に、アナウンサーである別人の少女の教養、知性を付与した像を、自分に最も都合のよい理想として思い描き、憧れ、専ら恋情を募らせていたのである。

以上見てきたように、青春期の恋にはありがちな手前勝手な空想とその暴走ぶりが間違いなくこの小説の読みどころである。しかし何故「伸」はここまで過剰に妄想、妄信するのか。そう問うた時、本小説の重要な設定が浮上してくる。それは、父を獄に失った上、戦後の台湾で病を抱えつつ、日本人の母と二人で生きていかなければならないという「伸」の境遇である。

三　淋しさの所以

小説「紫陽花」は、冒頭から「淋しい」という言葉を繰り返すテクストである。「伸」の父親は終戦の翌年に「戦犯の嫌疑で捕えられ、そのまま戻って来なかった」。それから三年が経過したが、「伸」は「夫を失って内心淋しい思いをしているに違いない母親にいたわしいものを感じて」いる。そして、それはそのまま「伸」自身にも「あてはまる境遇だった」（二）。

「伸」がひかれる裏の少女の声には、「何となく哀愁がこもって」おり、彼はその姿を目にする前から「哀愁を湛えた一少女の面影」を「推定」している。実は「伸」自身の淋しさが恋する対象に投影されていることは、次のような叙述に明らかである。

少女は時折り遠い見知らぬ地方の小唄を口ずさむことがあった。その淋しい調べを聞きながら伸は故もなく気の毒に思ってしまうのだった。そしてその後で相手を気の毒がることの理不尽を可笑しく思ったりした。第一相手がどんな人なのか、どんな家庭なのか、まだ何も知らないのだった。不幸な家庭だと決まっている訳ではなかった。しかし伸には少女が淋しい生活を送っているように思えてならなかった。それは伸自身が淋しかったからかも知れない。(二)

「伸」の家庭同様に少女の家庭も父親が不在であり、母親との二人暮らしという点で両者は近しい境遇にある。しかし、「二つの家庭は似ているようでその実随分とかけ離れて」いる。何故ならば、少女は戦後「明らかに大陸から渡って来た人」であり、畳の部屋に住む「伸」たちとは異なる生活様式を持つ上、両者のあいだには「言語の障害」もある。「伸」の国語は、戦後国籍が変わって「突然に詰め込まれた」「中途半端な外国製品のようなものであり、少女の方も「日本語は愚か台湾語さえ知っていそうにない」。そして、仮に「伸」の思いが少女に通じたとしても、「終戦の翌年に夫を獄中に失った」「伸」の母親が、「大陸から渡って来た人たちに好感を――少なくとも息子の嫁としてその少女を受け入れられる気持ち」を持つはずがないと「伸」は考えている。一方、少女も戦争で父親を失ったのかも知れず、仮にそうでなかったとしても「少女の国は、伸を含めた当時の日本人によって蹂躙されている」。すなわち、「伸」と少女の家庭には、戦前／戦後と台湾を支配した二つの国の加害行為が父の不在というかたちで、それぞれの家庭に影を落としているのである。大陸出身の少女の母と、日本出身の「伸」の母は、互いの夫を奪った加害者の側の国民であり、かつ夫を奪われた被害者でもある関係性のなかに置かれている。(3)

それでも、「伸」は母親たちに「祝福して貰うためにはまだ長い時日を要する」が、「災い転じて福となる、という言葉もある」「その日が何時か来そうな気」もすると希望を語り、どこまでも前向きである。しかし、現実的に考えて「伸」の恋愛の成就は甚だ困難な設定のなかに置かれていると言えよう。日本人の母を持ち、言葉も通じず、生活様式も異なり、さらに「伸」自身は肺病のために療養中の身である。「左肺上葉にある浸潤は一進一退を続けてなかなか消失してはくれ」ず、「壊れ物を宿しているかのように自分の体を大事に扱わなければならな」（七）い。「伸」は近所を散歩することはあっても、学校は休んだままであり、彼の日常世界は家のなかに限定されている。彼が聴覚を重んじ、ラジオとともに妄想に明け暮れたことには、それが外の世界を自由に闊歩しえない彼にゆるされた唯一の自由だったという事情が背景に存する。[4]

日本の敗戦時、中学三年生であった「伸」は、戦中すでに「幾多のものを失っていた」。「最も親しい友達の一人は機銃掃射を受けて死」に、「もう一人の友達は黒焦げになり、押し潰された梁の下でその幼ない妹と抱き合ったまま死んでいた」。さらに、戦後まもなく「父が捕えられて獄へ下って行く」。「伸」の父の獄死の理由については小説は詳らかにしないが、戦後の国民党体制において不都合な台湾知識人であったからだと考えられる。その「父の遺骸を引き取りに行った時、赤い建物の前に」「紫陽花が狂ったように咲いていた」（七）。

この「狂ったように咲いていた」紫陽花は、その後「伸」の家の庭に植えかえられて、「三年来」「この世ならぬ焔を燃え立たせて来た」。すなわち、紫陽花は亡くなった父の形見の花であり、残された「伸」と母の言葉にできぬ無念を代弁する花である。「伸」が夢中になった少女への恋とは、父や親友たちを失った上、さらに今、「新しい国籍の中で見も知らぬ秩序」（小説中には明言がないが、戒厳令の発令された国民党支配下を指すと考えられる）に巻き込まれつつある、彼の淋しさと不安を一時的にも慰めるものであった。

小説は、この「伸」の戦時及び戦後の記憶を、裏の少女が転居し彼女を見失ってしまった（第六章）直後に、そしてラジオから少女の声を見出す（第八章）直前の第七章に置く。どこに置くことも可能な「伸」の過去を遡るこの一節は、裏の少女を失って落胆する「伸」がすでにそれ以前から抱いている欠落感を語って、彼の淋しさを強調する。そして、遠くない過去に大切な人々を失った経験を持つ「伸」だからこそ、あきらめかけた対象（少女）との（ラジオを通じての）再会はまさしく「僥倖」（八）と位置づけられるのである。裏の少女と信じるアナウンサーの声を耳にして「おお伸はたちまち幸福の絶頂に達した」（九）という狂喜が生まれ、先に見たような盲目的な空想がまかり通っていくことと、彼がどうしようもない淋しさを抱える青年であることとは表裏一体の事柄であろう。「伸」は恋によって、しばしの間であろうとも、淋しく辛い現実を忘れることができたのである。

「紫陽花」は、声を発端とした、一人の青年の一人よがりな恋愛（失恋）をユーモラスに語りながら、同時に多くのものを失ったまま新しい秩序のなかで生きていかなければならない戦後台湾の人々の淋しさを、その底流に描き込んだ小説である。

「紫陽花」という花（＝タイトル。花言葉は移り気、冷酷、無情、辛抱強い愛情など）は、その咲き始めから終わりまでの時間に展開し、そして破れた「伸」のはかない恋の象徴である。と同時に、父の遺骸とともに家に持ち帰った花であれば、それは戦後の権力に奪われた「伸」の父の命そのものを暗示する。或いは残された家族の無念の思いをあらわす花ともとらえられ、本小説中では多重の意味を担わされている。

小説中の現在時間（一九四九年）とは、現実の台湾では戒厳令の発令された年である。戦後体制のなかで台湾人である夫を殺され、故郷に戻ることもできない日本人の母と二人きりで、しかも病を抱えて暮らす「伸」は、「何かに耐えるような気持ち」（一）で生きている。ただし、「伸」は自分一人が淋しいのではなく、「そういう世代があり、また現に目の前にいる母親もどれほど淋しいか」（一）を認識している。[5] 小説の末尾に置かれているのは、次の詩のような一節である。

秋が深くなって来ると
山では栗鼠が木の実を集め

里では鼬が穀倉を荒らし
ええ、でも秋が深くなり冬が深くなり
そして春の兆しが見え始めると
かじかんだ病葉の陰から新しい緑を萌して
一株の紫陽花は甦って来るはずだった。
そして
ええ、そして春は小さい郊外の家にも訪れて来るはずだった。（十二）

春・再生のときは「小さい郊外の家」（＝「伸」の家）にも必ず「訪れて来るはずだった」。失われた父は二度と戻らないが、代わりに紫陽花はたくましい生命力で再び「甦って来るはずだった」。希望があるともないとも、どちらにも解釈可能な「はずだった」という極めて曖昧な表現でテクストは読者に解釈をゆだねてオープン・エンドとする。

生きることに絶望することはたやすいが、希望は「伸」が裏の少女との未来を夢想したように、自身の内に想像（創造）することもできる。この殆ど祈りにも近い希望は、「伸」という、これからの成長を予感させるような名に託されていると考えることもできよう。(6) ただし、この小説は「伸」の恋の破綻を通じて、結局想像は想像に過ぎないことをも示してもいる。本小説が発表された一九七一年の台湾は、小説中の時間同様に依然として戒厳令下にあった。安易な希望は表出しえない。肯定的にも否定的にもとらえられる両義的な末尾の小説の言葉は、そのまま未来のまだ見えぬ台湾表象そのものであったと言うべきかもしれない。

注

（1）この「伸」が恋いこがれる少女は作中、常に睡蓮の花の比喩と共に語られている。睡蓮の花言葉は「純血・心の純潔・清純な心・清浄・甘美」等であり、そのイメージが少女にそのまま託されていると言えよう。花言葉については、大岡信監修『日本うたことば表現辞典① 植物編』（遊子館、一九九七・七）等を参照。
なお、岡崎郁子『黄霊芝物語―ある日文台湾作家の軌跡』（研文出版、二〇〇四・二）は、この少女のモデルを『漂浪の小羊』（新新月報社、一九四六。のち、下村作次郎・黄英哲主編、戦後初期台湾文学叢刊1『漂浪の小羊』南天書局、二〇〇五・四として復刊）の著者・陳蕙貞であるとし、彼女の生涯について詳細な調査を行っている。

（2）月下美人の花言葉には「はかない美・はかない恋」（大岡信監修『日本うたことば表現辞典① 植物編』遊子館、一九九七・七等参照）の意があり、「伸」と少女の間柄がこの花に象徴されている。

（3）ただし、小説は少女の父が何故不在なのかについて最後まで明確にしない。これについては下村作次郎氏から、二・二八事件後、国民党当局に逮捕され、その後行方不明となったモデル（陳蕙貞）の父（陳文彬）に配慮した設定ではないかとの教示を受けた。

（4）このような「伸」の立場について、阮文雅「黄霊芝「紫陽花」論―浮かび上がる境界線―」（『台湾日本語文学報』第23集、二〇〇八・六）は、「伸」の恋が「聴覚にしか頼れないのは、彼の身体が外部世界から隔離され、外へと出られないことが関係して」いると指摘している。

（5）垂水千恵「戦後の創作活動から見る、台湾人作家にとっての「日本語」文学」（郭南燕編著『バイリンガルな日本語文学―多言語多文化のあいだ』三元社、二〇一三・六）は、次のように小説「紫陽花」を解釈する。「「紫陽花」が表象しているのはポストコロニアルな台湾における言語の政治そのものであり、日本の敗戦とともに台湾に残された「淋しい」母親とは、日本語のメタファーであることがわかる。そして、伸がひたすら恋い焦がれ、やがて失望する少女とは中国語であり、かつそれが代表する中華民国台湾であると考えるべきなのだろう」。しかし、垂水の指摘するように「伸」の母親を「日本語のメタファー」ととらえた場合、彼女が自ら積極的に英語や中国語を学習している小説中の設定をどのように考えるべきかという疑問が生じる。
（6）「紫陽花」の主人公「伸」とは、黄霊芝の他作品の主人公「信」（小説「法」『黄霊芝作品集　巻一』一九七一・一）、「しんちゃん」（小説「ふうちゃん」『黄霊芝作品集　巻九』一九八三・一）、「シンタロー」（童話「ルミチャンとシンタロー」『黄霊芝作品集　巻一〇』一九八四・二）とも通じる名であり、作家にとって思い入れのある名前（或いは自身の分身と考える人物に与えた名前）と考えられる。
「伸」と黄霊芝自身との類似点としては次の点があげられる。肺結核を患っていること、終戦直後に父親を失っていること（ただし、黄霊芝の父が逝去したのは一九四七年。母はそれより早い一九四五年に亡くなっている）、一九四九年時に「伸」は二〇歳、黄霊芝は二一歳という年齢の近似、日本語を最も得意とするが、語学に才能と興味を持っていること、想像力や空想に重きを置く性向等。黄霊芝は空想の価値について次のように述べている。「昔、谷崎潤一郎氏は「空想もまた経験である」と申された（記憶に誤りがなければ『陰影礼讃』）。こよなき言葉だと思う。少なくとも誰にしても自分の大空想を驅らずんば、かの大百科辞典を諾い得る人はいない。そして妙ちくりんの空想に美がないともいえない。ゆえに納得の誤差は許されるらしいということも文芸のうちだと思う。芸術の目的とは美の追求以外にないと思われるからである」（「戦後の台湾俳句―日本語と漢語での―」『台湾俳句歳時記』言叢社、二〇〇三・四）。

第四章　小説「豚」

　これまでの章にも明らかなように、黄霊芝の小説では、登場人物たちの幸せな生活の成就や調和的世界の実現が悉く欠如している。この特徴は、黄の創作期間がほぼそのまま戦後台湾の厳しい社会状況のなかにあったことと当然深く関わる。ただし、総論でもすでに論じた通り、彼の文学は単なる悲劇として造型されず、その多くが登場人物の妄想や滑稽な言動を描いて悲喜劇としての様相を呈しており、それが大きな魅力であると言えよう。本章でとりあげる「豚」（初出『岡山日報』一九七二・二・一六〜三・一〇、『黄霊芝作品集　巻五』一九七三・九、『黄霊芝小説選集』一九八六・一〇に所収）も、その一つである。前章の「紫陽花」では若者の妄想が肥大化していったのに対し、本章の「豚」では中年男が他者の忠告を無視し、向こう見ずな行動をとっていく。

　山田敬三は岡崎郁子が編んだ黄霊芝小説選集『宋王之印』の書評において、「作家としての力量を見せてくれるのは、集中に収められた二つの中編―『紫陽花』と『豚』であろう」と述べ、「みごとな心理描写や文面にあふれるウィットとユーモア、ペーソスが読者を最後まで引きつけて離さない」と評価した[1]。西田勝も『宋王之印』に収められた作品のなかでは、「「豚」がもっとも印象に残った」とし、「悲劇にまで達した最上の喜劇」「傑作といっていいだろう」と高く評価する[2]。

　このように、「豚」はすでに一部に高評価を受けている小説であるが、単独に論じられたことはまだない。本章では小説「豚」のテーマとここでの悲喜劇を成立させている方法の具体を明らかにしていく。

一　天邪鬼「私」の挫折

小説「豚」は、「私」（小説末尾である第十五章に「三十五歳」と記されている）の農業開始と、それが惨めな失敗に終わるまでの経緯を語るテクストである。小説はほぼ時間順序通りに構成されているが、小説冒頭から末尾までの時間経過を明確にはかる客観的材料（記述）はなく、農業開始時の「私」の年齢は不詳である。ただし、果樹園の栽培結果が明らかになっていることや豚の成長ぶり、また第二章では小学校入学前であった娘が、第十五章では三年生と記されていることから、最低でも三年以上の時間が小説内で経過しているものと考えられる。なお、「私」の農業失敗という結果は第十章までは明言されず、起こった出来事の時間に沿う物語言説により、読者は「私」の挫折劇を同時進行的に追体験することになる。(3)

表　小説「豚」の構成

豚の数	章	主な物語内容	妻の様子
0	一	「私」一家、陽明山に引越すまでの経緯	
0	二	農業開始。お金がなくても生活できることを実証	妻の言葉から章始まる
0	三	豚を飼う意義や方法に関する「私」の見解	
1	四	豚（ブウスケ）を飼い始める	妻、嘆息

1	五	ブウスケは一日何も食べず、小屋から遁走	夫を嘲笑
1	六	ブウスケは腐ったものを食べることが判明	
1	七	ブウスケ、もはや家族のような存在。クロレラ養豚の目論見	
3	八	新たに二匹の豚を飼う	妻の言葉から章始まる
3	九	三匹の豚が引き起こす騒動（ケンカ）	
3	十	三匹の豚が引き起こす騒動（イタズラ）。「私」の計算違い露呈し始める	夫を軽蔑
3	十一	豚（後から飼った二匹）を売ることを決意	
1	十二	二匹の豚を売る	妻の言葉から章始まる
1	十三	植物の生育に「私」は失望	
1	十四	ブウスケ農薬中毒、一命をとりとめる	
1（0）	十五	ブウスケを売る	

父の遺した田畑を小作に出して生活していた工芸家の「私」は、戦後政府が実施した土地改革により、地主としての地位を失う。台湾の農地改革は「三七五減租」（一九四九年）、「公地放領」（一九五一年）、「耕者有其田」（一九五三年）の三段階を経て実施されており[4]、小説は、一九五〇年代中頃～六〇年代の台湾社会を反映しているものと考えられる。この農地改革により、小作料の代わりに新たに生活費を稼ぐ必要に迫られた「私」だが、「美術工芸学校の講師の口」や「著名な故宮製陶」会社等の勧誘をすべて断る。その理由は「束縛された生活が嫌い」で、「上役に頭を下げるなど真っ平」だし、何より「細君めが真っ先に賛成して、私に就職するよう勧めるもの

だから、ますます嫌になるのは天下の男子の一人として当然のこと」（一）だという。

地主の特権を失い、急に生活できなくなった「私」は「もう細君を捨てるより仕方がなかった」。実際妻に「もう一度嫁に行ったらどうかと勧め」てみるが、拒否される。「お金がなかったら今の世の中では生活出来ない」と訴える妻に対し、「私」は大昔、医者のない時代から人は生きて来たことや、ストレプト・マイシンがなくても子規や蘆花、ショパンは立派な仕事を残したことなどを根拠にあげ、「金なんかなくたって俺は平ちゃらだ」と豪語する。そもそも「私」が芸術家を志したのも、次のような理由からだという。


適当に怠け者で我が儘で、そしてそれにもまして天邪鬼に出来ている私は、とにかく他人の好むものは何でも嫌いであつた。立身出世を念願して齷齪している人を見ると他人事ながら腹が立ってならない。へどを吐いて見せてやりたくなる程である。例えばセパードという犬がいた。頭が好いとかで大変な流行である。この一事だけで私はもうセパードを親の仇か何ぞのように憎み嫌うのである。芸術などで飯は食えないという言葉が通用していた。それだからこそ、よし、それなら芸術家になってやろうと考える私であった。飢え死になど少しも怖くない。（一）

「天邪鬼」との自称通り、「私」は徹底して世間一般の価値観の真逆を生きようとする。が、現実には主食の米を自分で得ることはできず、一人娘の通う幼稚園の月謝の支払いを考えても、全く金の要らない生活など不可能であった。「私」は「最初に銭というものを発明した野郎」は「人類最大の悪人」だと悪態をつきながら、生活のため現在の家を売って陽明山に移転し、果樹を植える「百姓」になろうと決意した。

なぜ果樹なのか。「私」はいう。果物は主食ではないため「何だか高級」であり、「果樹園を経営しています」

という言葉も「何となく語呂も悪くない」。また、一度植えれば、その後も何十年か収穫できる果樹は「怠け者の私にはお誂え向き」だというのである。そして、「一斤一元や二元のために私のような大工芸家が汗水を流すなんて愚の骨頂」とも考える「私」は、誰も植えようとはしない（土地に適しない）高級な果物を育てることを目論む。しかし、その結果は「一番独創性のない、いわば芸術家の私にとって一番面白くない奴しか育た」（十三）ないという現実であった。

また、果樹の肥料に糞を利用しようと飼いはじめた豚も、「私」の労働限界のため、手放さざるを得なくなる。最終章（第十五章）で豚を業者に売った後、「私」は次のような自己嫌悪と自己否定の念にとらわれる。

（……）私めは彼（＝豚。下岡注）を救うために山を駆け下り、豚屋の手から彼を奪い返すことをしようとはしなかったのである。ああ、私めは人間ではなかったのだ。（十五）

このように、「豚」は傲慢で天邪鬼な芸術家「私」が農業を通じて挫折と妥協を知り、自らの卑小さ、非力のほどを痛感するまでの経緯を描く小説である。背景には戦後の台湾で生活の変容を余儀なくされた地主層の悲哀が存するが、小説はその背景には深入りせず、あくまで「私」一家の山への転居後の生活を描くことに終始する。「私のような大工芸家」（二）という自負から「私めは人間ではなかった」（十五）という自覚に至るまで、「私」の自己認識は大きく揺らぎ、果てに失墜する。読者はこの逆転劇、誠に皮肉な「私」の自己発見の物語を楽しむことになる。

二　喜劇の装置　―妻と娘という他者―

一人称小説でありながら、この小説が色濃く喜劇の要素を持ちうるのは、妻と娘が「私」の鏡として十全に機能しているからである。小説「豚」は、「私」目線から農業への期待から失望に至るまでの落差を読者に感得させる一方、「私」の視点の独占（優位性）を妻（＝現実主義）と娘（＝理想主義）によって常に揺るがしている。たとえば第二章は、豚を飼うという「私」の計画に反対する、次のような妻の声からはじまる。


――あんた、豚を飼うんだって？

――うん。

――止してよ。あんな穢いもの……

――綺麗にしてやれば好いよ。お風呂へでも入れて……

――気持ち悪いわよ。ブウブウ鳴いて。そんなのが家にいたらわたし卒倒するわよ。

――慣れれば怖くなくなるよ。亭主と同じだ。

――何を食べさせるつもりなの？　豚は沢山食べるのよ。

――ああ沢山食べて沢山出すんだ。そこが魅力なんだ。

――誰が掃除するの？　それに豚は腐ったものを食べるものよ。家中が臭くて呼吸も出来ないわ。

――心配しないでもいい、腐ってないものをやれば好いさ。

――何のために飼うのよ。豚を飼ったって儲からないって隣長さんがいってたわ。忙しくなるばかりだわ。

（二）

妻の抗議にまともにとりあわない「私」だが、右で妻が述べる「豚は沢山食べる」「腐ったものを食べる」「忙しくなるばかり」といった指摘は、すべて正しく、のちに「私」の農業生活に大きな誤算を生じさせる原因となる。

「私」は農業について全く知識のない妻を、「よほど馬鹿な女だ」「哀れな女だ」（一）と軽んじるが、豚を飼うことにより、妻と「私」の立場は次第に逆転していく。最初に飼い始めた豚は「私」が用意した餌を食べず、小屋を破って何度も遁走する。これは先に妻が述べた通り、豚が腐ったものしか食べないからなのであるが、それに気がつかない「私」は「蜘蛛の巣だらけにな」って小屋の柵を補修し続ける。妻は「何を好き好んでこんなことをするのだろう。よっぽど馬鹿な人だよ」（五）と夫の行動を「嘲笑」する。

さらに、妻の反対を無視して豚を一匹から三匹へと増やした結果、「私」は喧嘩ばかりする豚の仲裁と小屋の掃除と餌の用意に毎日明け暮れ、「食事一つ寛いでとったこともほとんどない」（十）状況へと追い込まれる。豚につきっきりの「私」を見て、妻は「そら始まった、豚屋の親爺が喚いていると嘲笑し、本当の大馬鹿だと軽蔑する」（九）。

彼女にいわせると私の体には豚の体臭が染み込んだそうである。今にダニも湧くという。幸いなことに私たちは結婚以来室を共有しない習慣だったから、どうにか夫婦円満を保ってはいるが、この頃細君めは私の肌着を洗ってくれなくなった。（九）

そして、遂に第十一章の冒頭では「ねえ、豚を売ってしまいなさいよ」という細君の言葉に「私」は「そうだね」と同意することとなる。ここまでことごとく妻の提案や意見を無視してきた「私」が、はじめて忠告に素直に応じた場面である。「私」は豚の餌となる植物を採取している際に崖から転落し、怪我を負ったのである。

このように、「私」の豚の飼育をめぐる悪戦苦闘は、妻の存在によって「嘲笑」の対象となり、「私」の独りよがりな思いこみや行動はそれと暴かれ、滑稽化する。(5)

一方、娘は豚嫌いの母親とは異なり、豚と真っ先に友人となって豚を可愛がる人物である。そのことを豚の方も了解している。特に娘のお気に入りである「ブウスケ」（豚の名）は「私」よりも娘になついていて、彼女が学校から帰ると足音でそれをすぐに察知し、「ヒイヒイ鳴いて娘を探す」。そして娘が豚小屋の柵の前に立つと「体をすり寄せ、不恰好な唇を巻き上げて甘え」、「娘が櫛で背中を引っ掻いてでもやると、彼は桃源郷に遊んでいるような目つきをし、柵に靠れかかったまま、鼾をかき始める始末」（十二）であった。

豚が来てからずっと「弁当をちょっぴりしか食べ」ず、「大部分を豚めのために残して帰る」（十二）ような、やや常軌を逸した愛情を娘は豚に見せているのだが、(6)それ故にブウスケを売るという父親の決断に対し、彼女は強く抵抗する。「何故ブウスケを売らねばならないの？　売ればブウスケは殺される。それを知っていて売りに出すの？」と「一度として私に楯つくことのなかった娘」が初めて「私に反対し、だだを捏ね」（十五）る。

あんなに可愛がって育てて来たブウスケを売る、それは人非人に近い行為なのだ。どうしてそんなことが出来るの？　若し家にお金がないんだったら、自分は学校を止めてもよい。もっと悪いものを食べてもよい。新しい洋服なんか欲しくない。もしパパが草刈りが嫌いなら自分が刈ってもよいというのだ。（十五）

「私」自身、ブウスケを売る行為にうしろめたさを感じているだけに、娘の純粋な言葉は手痛い批判である。小学校三年生の娘はブウスケが売られる日、彼に別れを告げるために学校を早退し、自分の弁当をそっくりそのままブウスケに与え、首には自分の御守りをかけてやる。豚と娘の交流は、もはや人間／豚という種を越境している。

このように、人間と豚を同位に置く娘の存在は、手前勝手な理由で動物を飼い、「家族の一員」（十四、十五）と言いながら、実際には自分の都合で売買する「私」の行為、そのエゴイズムと奢りを否が応にも明るみにする。妻と娘は「私」語りの優位性を剥奪し、「私」の言動を相対化し、「私」の愚かさを浮かび上がらせる装置として効果的に機能しているのである。

三　知識人／芸術家批判

「私」の農業生活の顛末は惨めな結果へと行き着き、「私」の自尊心や奢りを突き崩したが、そもそも何故「私」の農業は失敗に終わったのだろうか。その最大の原因として考えられるのは、進取の気象に富む（裏返せば非常識な）「私」の言動である。「私」は海外から植物を移入・移植し、新しい栽培や飼育方法を取り込もうと書物を尊ぶ一方、土地の伝統や先祖代々からの百姓の忠告をことごとく軽視する。

たとえば、当地で昔から百姓を行っている隣長さんが、豚は「大きくなったら一匹で百斤の餌を食べますよ」とあらかじめ注意してくれているにもかかわらず、「私」は、本から仕入れてきた知識を根拠に、「隣長さん達のいう「豚はよく食べる」などの言葉はそれ自体がすでに時代後れ」（三）なのだと断定する。

「書物で読んだところでは、若豚一頭の一日の食餌は石油缶一個に過ぎない」「書物によると百キロの体重を増やすためには三十八キロの蛋白質があれば好い」(三。傍点は下岡)と、「私」は隣長さんたちの経験より、あくまで書物の記述、数値の方を信奉する。この「私」の奢りの前提には「私は生まれつきの百姓ではないから頭は悪くない」(二)「彼等と違って頭の好い私」(三)といった地主層出身の「私」の差別意識が顕著だが、第十章以降に明らかになるのは、「私」の「よほどの計算違い」(十一)の方である。まず、台湾ではクロレラ採取に必要な明礬の価格が高いため、「ほとんど唯でクロレラが手に入ると考えたのは大きな間違い」であった。また「本によると、クロレラは分離されて沈澱するとあった」が、「私の経験では逆にクロレラが浮上した」(十)と、本の記述と現実との不一致も生じる。そして、伝統的な豚の飼い方の「テクニックを無視した」(十一)ために、「私」の豚は生後六ヶ月経っても大きくならなかった。

豚の飼育のみならず、果樹栽培についても同様の結果が生じる。農業をはじめた時、「私」は「植物にしろ動物にしろ生物には環境に順応する能力があ」り、「北海道の少女が台湾へ嫁に来たからといって日射病に罹るとは限らない」(二)という自説を誇っていたが、最終的に得られたのは、「植物にとって適地生存ということは動物以上に大事な条件らしかった」(十三)という認識である。大自然の摂理、生物それぞれに固有の生態、特性を「私」が勝手に変えることはできない。

こうして、「私」の机上の計算と現実とのギャップが露呈した後、「私」はパリで行われる「国際青年学術展」へ参加する決意について述べる。

大工芸家の夢から長く離れていた私は、この芸術の都で開かれる国際展への参加ということで夢を醒まされた形だった。この展覧会は仏国政府の主催により隔年に開かれる。参加資格は青年であること、そして各国政府の推薦によることとされていた。

面白いことに、フランスでは三十五歳までを青年と呼ぶのだそうであった。三十五歳を越すと参加資格がなくなる。そして私は今年が丁度三十五歳だった。私は一挙に燃え上がった大工芸家の夢を前にして、我がブウスケめを売ることに断を下した次第なのだ。（十五）

自己の欲望に忠実に世界を再構築しようとする芸術家「私」の欲求・野心は、一度は農業に向けられたが、それは思うようには通用しなかった。不可能を知った「私」は自身の力一つで変形・領略可能な芸術の世界に戻っていく。パリの学術展はそのための契機（言い訳）に他ならない。(7) 失敗に終わった農業の代替を求めて「私」は再び自らがコントロール可能な世界へと還っていくのである。人間の知識の集合体（書物）をも裏切る現実は、「博学な私」（一）「頭の好い私」（三）という自称知識人の「私」に、自然という大きな他者の存在を知らしめ、自らの限界を教えた。「私」の農業失敗の顛末には、購入した土地の性質や地形、台湾独自の天候や肥料価格という事情もさることながら、芸術家／知識人への痛烈な批判が込められていると言える。

小説「豚」は、「私」をはじめとする登場人物たちに一切名前を与えていない。ここから「私」を作者である黄霊芝に重ね合わせ、「豚」をいわゆる私小説として読むことも、無論可能である。黄霊芝が小説同様に、陽明山に住んでいたことを知っている者なら、なおさらであり、また仮にそのような情報がなくとも、果樹栽培の方法や豚の飼育に関する極めて詳細な記述には、作者自身の経験が生かされているだろうことは、読む者には明ら

かである。

しかし、この小説の人間の無名性は、「私」とは読者の「私」でもありはしないかという問いかけをも可能にする。知識人の「私」が、農業を通じて己の卑小さ、非力、限界を知り、「私めは人間ではなかった」との惨めな自己認識に至る経緯とは、「私」を笑う読者のそれではなかったか。金銭中心の社会に毒づく「私」が、愛情をかけた豚を金銭に交換するといった矛盾は、現代を生きる我々も目にする日常ではないか。豚一匹すら飼い続けることのできない「私」の無力とは、近代科学（知）に依存して生きながら、いまだ自然の力を完全には克服できぬ人間一般のそれではないか。

ちなみに、「私」の飼った豚三匹は「ブウスケ」「ズングリさん」「ハナマガリ（のちに「ロクデナシ」と改名）」と名前がある。「私」が畑に植えた蜜柑は「桶柑」「オレンジ」「温州蜜柑」、栗は「有磨」「利平」「銀寄」とその品種名がすべて明らかにされている。豚をはじめとする各動植物の生態、特徴の記述は極めて詳細であり、栗については「猪原栗研究所」とその取り寄せ先までが固有名で記されている。自然物の個別性、或いはそれに関わるリアリティーの方が登場人物の名よりも優先されたこのような小説の力学は、小説を構成する十五章すべてにわたって、豚に関する情報からまずは語り始められているという方法にも顕著である。そうした小説の在りようは、「私」が農業に失敗したこと、或いは自然の美に魅了され、自生の植物に養われたという物語内容とあわせて、決して人間の思い通りにはコントロールできない動植物、自然の大きさを存在感を伴って描出することに寄与している。

自然は「私」に手痛いしっぺ返しをくらわせるとともに、豊かさと美をもって、「私」一家に恵みをも与えた。たとえば「人は金がなくても生活出来る」という「私」の主張は、山の色々な食べ物（葱、百合、蕨、茗荷、桃、蕃石榴、柿など）によって、ある程度可能なことが実証された。また、山には「見ていて動悸を覚えるほど美麗な」

虫が多く存在し、それらが「私」を魅了する。家の軒下にいくつものガラスケースを置き、そこで「私」は爬虫類や昆虫を飼う。また「農業とおよそ縁のない生い立ち」（一）であった妻も、自分の畑や花壇を作って「少しずつ山の生活になじんで来」（二）たり、娘も土地が急に広くなったので大喜びしている。「怠け者を自認していた」「私」自身も、畑の設営のために汗まみれとなり、「案外な働き者であることに自分でも意外な気がした」（二）という自己発見も行われた。それはすべて自然という他者によって恵まれた機会である。

「豚」は戦後の土地改革によって地主としての基盤を失った、台湾の一家族の営みを悲喜劇として活写しながら、人間と社会、人間と自然の関係性を的確に捉えて地球上のおよそあらゆる場に普遍的な関係性を表象する。「傑作」（西田勝）と評される所以である。

注

（1）山田敬三「無名の大家」（『図書新聞』二〇〇二・七）

（2）西田勝「書評　岡崎郁子著『黄霊芝物語　ある日文台湾作家の軌跡』今でも日本語で書き続ける台湾人作家」（『中国研究月報』第58巻第8号、二〇〇四・八）

（3）ただし、例外的に第二章の末尾「豚の糞が土質改良に最良であることは誰にも意義のないこととされていた。だが……」、第八章の末尾「それからなのだ。三匹の豚めのために私は実に大変な日々に追い込まれるのである」というかたちでの伏線、先の展開を予期させる記述は存する。

（4）渡辺利夫・朝元照雄編著『台湾経済入門』（勁草書房、二〇〇七・六）参照

（5）ただし、「当地の農家で誰一人植えていない小蕪やセロリを播いたりして、それを農家の人達に自慢」（二）するという妻の行為も小説には描かれており、台湾では誰も栽培していないことを理由に栗を植える「私」と、似た者夫婦である一面をも見せている。

また、『黄霊芝小説選集』（一九八六・一〇）所収にあたり、「豚」の小説末尾は「以来、娘は私めに――いや人間と云うものに――憎悪を感じている。」（初出）から、「以来、娘は私めに――いや大人という大人に――憎悪を感じている。／と同時に、妻めが二、三日しょんぼりとしていたのも、これまた一体何故だったのだろう。」と改稿された。この改稿により、娘の憎悪の対象が「人間」から「大人」へと限定され、かつ妻の豚に対する愛情の存在が暗に示された。結果として小説の持つ毒はやや薄められ、妻の真意をうかがい知ることができるようになった。すなわち、豚を通じてもたらされた家族三人全員の変化が小説に書き込まれることとなり、小説は「私」の物語のみならず、「私」一家の物語、家族小説としての側面を強化した。

（6）「恐らく豚めに一々名前をつけて飼ったのは私の家だけだったかも知れない。今考えてみても私の三匹の豚は、よその豚より幸福だったと思う」（八）と語られているように、「私」も単なる家畜としての世話の域を超える愛情を豚に注いでおり、その点では娘と共通する性質、親子の類似も見られる。

（7）黄霊芝自身、フランスで開催された第二回パリ国際青年芸術展に彫塑を出品し、入選を果たしている（一九六二年）。ただし、それは彼の陽明山移転（一九六三年）以前のことであり、身勝手な登場人物「私」造型のため、作者の経験は十分に加工され、利用されている。

第五章　小説「仙桃の花」

「仙桃の花」は、『黄霊芝作品集　巻一九』（二〇〇一・七）に発表され[1]、黄の小説三一篇のなかでは唯一「ですます」調の文体で書かれた、お伽話風の小説である。しかしながら、どんでん返しの構造を持ち、不幸な結末を提示するという点では他の黄の小説同様である。黄は小説の構造一般について「構図の設定をするに当っても若干の山谷を設け、陥穽を伏して置くことが大切である。読者は谷へ転げ落ちれば落ちるほど、山の険しさを称え、谷の深さに感激するものである。そしてこれは作者にとって常に有利なことである」（「文学」『黄霊芝作品集　巻四』一九七三・七）と述べる。

本章は、黄のいう「若干の山谷」と「陥穽」をつまびらかにし、台湾季語「仙桃」を用いた小説の方法の実際を明らかにするものである。

一　愛の不条理という主題

小説「仙桃の花」の主要登場人物はおじいさんとおばあさんであり、次のような物語内容からなる。山の家に住むおじいさんは「他人の奥さん」であるおばあさんと一緒に暮らしている。ある時、おばあさんの

「ご主人」がおばあさんを「捨てて外国へ行ってしまってから」、おばあさんは「話ができなくなり、毎日何を考えているのか誰にもわからなく」なった。そんなおばあさんをおじいさんは引き取って面倒をみている。おじいさんは三〇年前に詩の会で知り合って以来、おばあさんのことをずっと思い続けていた。二人が出会った年、おじいさんの家の庭にある仙桃の木ははじめて花をつける。おじいさんは献身的におばあさんの世話をしているが、おばあさんはなかなか意識を回復しなかった。ところが、ある日「ご主人」が外国から戻っておばあさんの肩を乱暴に揺すると、おばあさんは正気を取り戻す。夫の迎えを「涙を流さんばかりに」喜んだおばあさんが夫と一緒に町へ帰っていくのをおじいさんは茫然と見送る。翌日からおじいさんの姿はどこにも見えず、仙桃の木もそれきり花をつけなくなった。

以上のように、おじいさんの長年に渡る純愛は全く報われない。おじいさんがおばあさんのことをどんなに大切に扱っても、その気持ちに相手は答えてはくれなかった。それどころかおばあさんは一度は自分を捨てたはずの夫の方を選ぶ。こうした物語内容を踏まえれば、「仙桃の花」の主題は〈愛の不条理〉と端的に述べることができよう。

また、小説のタイトルでもある仙桃の花は、おじいさんがおばあさんと出会った年にはじめて咲き、その後毎年、花くびかざりがおばあさんに捧げられていることから、おじいさんのおばあさんに対する一途な愛の象徴として位置づけられる。

「清純で本当にかわいらしい」仙桃の花は、若い頃「とても清純で優し」かったおばあさんへ贈るにふさわしい花である。と同時に、その花でおじいさんが作るくびかざりは「もろくてこわれ易く、明くる日にはしおれてしまう」ものでもあった。ここに、おじいさんの愛が成就しないことがあらかじめ暗示されている。おばあさんに去られた後、おじいさんは三〇年の愛＝自己の生きる目的を失って姿を消す。決して実を結ぶことがないことが明らかとなった後、仙桃も花をつける必然性、必要性を失った。

このように「仙桃の花」はおじいさんの立場から見れば、極めて残酷な物語であるが、読者は結末を予期できず、おじいさんの愛の日常は永遠に続くかのように錯覚し、結末に驚かされる。こうしたどんでん返しを成立させている小説の仕掛けの詳細を次に見る。

二　錯誤の所以

(1) 誘導する語り手と詩　—愛はそこにあったのか？—

果たしておばあさんはおじいさんのことをどのように思っていたのか。これは、「仙桃の花」を読み終わった読者が必ず抱くことになる大きな疑問である。少なくとも夫が登場してくるまで、読者はおばあさんがおじいさんのことを慕っていると思わされている。それは何故か。理由は主に二つある。

まず第一に、語り手が与える情報が読者の理解を（結果からすれば）あやまった方向に誘導している。作中現在のおばあさんの意識ははっきりしないため、夫に再会して意識を取り戻すまで、彼女の内面を知る手かがりは読者に与えられていない。そうした情報不足のなかで、語り手はあたかもおばあさんがおじいさんを密かに愛していたと受け取れる、次のような説明を行う。

A　一方、オゼという香水は若い頃のおばあさんの最も好きだったもので、おばあさんがおじいさんに手紙を書く時には必ず手紙の中にオゼの一滴を滴らせるのでした。他人の奥さんだったおばあさんとしては、おじいさんが好きだなんてはしたない言葉は口にすべきではありませんでした。ですから一滴の香水の中にありったけの心を含ませていたのでしょう。少なくともおじいさんにはそう思われて、おばあさんから手紙を貰うと、鼻にそれを押しあて、または胸に抱きしめ、夜は自分の懐の中に入れて一緒に寝るのでした。（第一五段落）

よく見れば、右傍線部直後に「少なくともおじいさんにはそう思われて」と、おばあさんの内面の事実ではなく、あくまでおじいさんの解釈であることが示されているのだが、おばあさんの感情がこの小説では空白であるがゆえに、読者の理解を補う情報として機能する。また、おばあさんの夫＝「ご主人」とおじいさんを比較して、おじいさんをおばあさんの孤独のよき理解者、慰め手として位置づける、次のような説明もある。

B　おばあさんは朝日の美しい遠い国に生まれ、大人になってから突然ある青年に出合い、はるばると南のこの国へ嫁いで来たのでした。ご両親にも別れ、お友達とも別れ、岡の上の月見草やかたくりの花にも別れ、ご主人一人を頼ってお嫁に来たのでした。そのようなおばあさんの淋しい心を誰よりも――あるいはご主人よりも――おじいさんは優しくいたわって来たのでした。（第二二段落）

さらに、食べ物の好みから、おばあさんとおじいさんを気の合う二人として位置づける記述もある。

C　お午になると、おじいさんはおばあさんのために手料理をつくります。鯛の塩焼きや鱈の味噌和えなどは至って上手ですが、なぜか卵焼がうまく巻けないのが残念です。時々おむすびもつくります。干瓢を煮込んで巻ずしをつくることもあります。若い頃、日本へ勉強に行っていたおじいさんは日本式の食べものの方が好きでしたし、おばあさんもそれが好きだったのです。はじめから何となくうまの合う二人でした。（第二六段落）

Ｂの「月見草」や「かたくりの花」といった情報から、おばあさんは日本人であり、台湾に嫁いできた女性と了解される。その故郷を離れた寂しさを日本への留学経験のある（Ｃ）おじいさんが慰める。日本という共通項が二人をつなぎ、食べ物の好みからも二人は「うまの合う」仲であったことが、疑いようのない断定的な情報としてここでは読者に提供されている。ＢやＣの語りには、Ａには存在した推定表現はもはや使用されていない。また、二人の齟齬を明確に知らせる語り手からの情報も全くない。よって、小説の末尾でおばあさんの夫が登場してくるまで、読者はおじいさんとおばあさんの親しい間柄を疑う契機を持たされていないのである。

第二の誘導として、小説内に織り込まれた詩の存在がある。それは、おじいさんとおばあさんが過去に交換した詩である。先にも述べた通り、作中現在、意識のはっきりしないおばあさんの内面は何一つ語られないため、読者は彼女の心情を彼女が若い頃に書いたとされる詩によって補填する他ない。たとえば、おじいさんが「あなたが遠い所へ行ってしまったら、僕は石になってしまう、あまり恨めしいからお化けになってやる」と訴えた時に、おばあさんは次のような詩を送ったという。

石になどなりたもうな
おばけになどなりたもうな

ふたひらの緋桜を
たいせつにノートにしまっているひとのために
緋桜は今も血潮のように紅い
ふたひらは寄り添って
ひっそりとノートの間に眠っている
静かに……静かに……

この詩に詠まれた「ふたひらの緋桜」とは、おじいさんが先に手紙に添えておばあさんに送った二輪の花を指す。すなわち、「ふたひらの緋桜を／たいせつにノートにしまっているひと」とはおばあさん自身のことであり、おばあさんはおじいさんの贈り物（好意）を大切に扱っていると理解される。さらに、「ふたひらは寄り添って／ひっそりとノートの間に眠っている」とは、直接的には花が栞として利用されている様子を詠んでいるが、間接的にはおじいさんとおばあさんの二人を象徴しているとも読めよう。それが、「血潮のように紅い」情熱と生命力をもち、「寄り添って」「眠っている」のであるから、おばあさんがおじいさんに一通りでない感情を持ち合わせているかのように受け取れる表現である。さらに、おばあさんは次のような詩もおじいさんに送っている。

ひとりの孤独な女がいた
語る相手のなかった女は
夜毎夜毎思いを綴っては
日の出の空に白いハトを放った

こうして何百何千のハトが
翔びたっては一片の白雲となり消えた
ある夜女は息絶えようとしていた
その時星の彼方より
何千何万の白いハトが帰って来て
女を星の彼方に連れ去った

「夜毎夜毎思いを綴っては／日の出の空に白いハトを放った」とは自身の思いを詩にして、手紙としておじいさんへ送っているおばあさん自身の行為のメタファーとも受け取れる。「このような詩を通じて、おじいさんは相手が自分を慕ってくれているのに違いないと考え」たと本文にはある。たしかに詩の内容をみる限り、詩の受け取り手であるおじいさんが「孤独な女」（＝おばあさん）に救いを求められたと思うのは、ごく自然な成り行きであろう。読者も詩という媒体を通じて、おばあさんとおじいさんの心のつながりを了解する。

しかし、詩が必ずしも詠み手の心情をそのままうたっているとは限らない。また、何よりも小説内で紹介されるおばあさんの詩は、小説の現在時間から考えれば、かなり以前に書かれたものであり、それをそのまま「今」のおばあさんの真意とすることはできない。その上、言うまでもなく詩とは空白の多い、多義的な表現方法である。右の詩の「白いハト」に該当するのは、実は日本から台湾へ彼女を連れ出し結婚した夫なのかもしれない。しかし、そうした別なる解釈の可能性については小説は一切触れず、おじいさんが自身への好意のあらわれとしておばあさんの詩を受け取ったことのみを語り、読者をミスリードする。

以上のような詐術により、小説末尾において読者は突然におじいさんの愛の喪失という現場に立ち会わされ、意外の感に打たれることとなる。

(2) 反復構造　―永遠性と夢の世界の形成―

本小説は全三九段落で構成されている。おばあさんの夫が登場し、おじいさんとおばあさんの共同生活が終わりを告げるのは、小説もほぼ終わりの第三七段落目である。そこまでに至る小説の大半(三六段落分の本文)は、おじいさんとおばあさんの一日の暮らしのディテールと、二人の過去の思い出を語ることに専ら費やされている。ゆえに二人の生活の破綻はいかにも唐突に訪れるのであり、このような構成だけでも読者の意表をつく。その上、小説はさらに巧妙な方法により、おじいさんの生活が突然に壊されたという印象を強めている。それは、「毎朝」「毎日」「毎年」といった言葉を繰り返し使用し、おじいさんの行為の継続性を強調する次のような語りである。

ア毎朝、夜明け近くになると、おじいさんはふっと目が覚めるのです。あるかなしかの風がおじいさんの室の窓を叩いて、おじいさんを呼びおこすのです。それは毎朝、そよ風がおじいさんに挨拶をしに来るみたいでもありましたが、おじいさんには風が誰かの使いでやって来るようにも思われました。(第一段落)

イやがて寝床を這い出したおじいさんは、毎朝のことでしたが、足音をしのばせて隣室との境になっている唐紙の襖をそっと開きます。(……)おばあさんが安らかな寝息を立てているのを見とどけると、おじいさんは安心して再び襖を閉めます。(第三段落)

ウ仙桃の花は夜に開いて、明くる日の日の出頃、はらはらとこぼれるように地面に降りそそぎます。こうして夏のはじめの一か月ほど、毎晩咲いては毎朝一面に降りこぼれます。それをおじいさんは毎朝拾いに来るのでした。（第六段落）

エこのようにして、おじいさんは夏のはじめの一か月ほど、毎朝毎朝おばあさんのために仙桃の花くびかざりをつくるのでした。（第八段落）

オこの時以来、おじいさんは毎日毎日、いや毎年毎年、こうして三十年も夏になると毎日毎日、仙桃の花くびかざりをつくって来たのでした。（第一〇段落）

カおじいさんは毎朝その水を汲みに来るのでした。もちろん、おばあさんの顔を洗って差しあげるためです。（第一二段落）

キ毎朝こうしておじいさんは昔つくった詩やあの頃のおばあさんを思い出しながら、庭先でおばあさんを治療します。（第一三段落）

最初のアの第一段落の例を除けば、すべてがおばあさんのためになされた、おじいさんの習慣である。「毎朝」「毎日」「毎年」という記述がおじいさんの行為の反復性、継続性をいう。それにあわせて、オに見えるような

「三十年」という時間、すなわち、おじいさんがおばあさんを思い続けている時間の長さも五度繰り返し語られており、読者はおじいさんの愛の日常がこれから先も半永久的に続くような感覚を抱くことになる。

そして小説の中盤以降では、現在と過去（思い出）をセットにして語る記述が多く出現しはじめる。右引用の最後のキの例（第二三段落）もその一つである。波線部にあるように、「思い出す」という行為が現在の行為とともに進行している。次にあげる本文も同様である。

・子供の頃、おじいさんのお母さんがよく団扇でおじいさんを煽いでくれました。扇風機の風は機械の風だから身に毒だといって、使わせないのです。今おじいさんはおばあさんを煽ぎながらそれを思い出します。すると何だかお母さんを煽いでいるような錯覚を覚えて、ちょっと不思議な気がいたします。（第二五段落）

・というより、聞けば聞くほどこんがらかって、今になっても、どっちがどっちなのかおじいさんにはわからないのですが、今、蝉の鳴き声を聞きながら、遠い遠い昔のあの日のことを、おじいさんは懐かしそうに思い浮かべるのでした。（第二六段落）

・その時におじいさんはもっていた扇子でおばあさんに風を送って上げましたが、今こうして団扇で煽ぎながら、不思議と昔々の出来事が鮮やかに思い出されるのです。（第二七段落）

右用例ではいずれも小説の現在時間の「今」と過去の出来事が結ばれ、二つは重なり合っている。つまり、おじいさんは「今」を生きつつ、過去の時間ともつながっているのであり、このような「今」と過去との連環は、現実の時間の区切りや時間の経過自体を曖昧に、無意味にすると言えよう。小説内で繰り返されるおじいさんの愛の奉仕と次々に想起される思い出の数々が、あたかも永遠に続くような時間の流れを形成しているのである。

さらに、おじいさんの想念は時間・空間を自由に往き来するだけでなく、フィクションと現実との間をも越境していく。かつておばあさんが書いた童話の主人公に自身を重ね合わせるおじいさんの様子が、次のように語られている。


若い頃におばあさんの書いた童話の一つに、星からやって来た少年が、地球上で心の最も美しい一人の少女――それは盲の少女でしたが――を見染めるというとても美しい物語がありました。おじいさんは今では話のできなくなったおばあさんに代わって、この美しい物語を語って聞かせます。するとおじいさん自身が何だか星から来た少年だったような気がして来るのでした。ああ、いつかおばあさんを連れて星の世界へ戻って行こうとおじいさんは考えるのです。（第三四段落）

傍線部に顕著なように、おじいさんのなかでは、フィクションが現実とすり替わり、詩的世界でおばあさんとの永遠の共存が図られようとしている。このようなおじいさんの行為（想念）の世界を連続して追う（体験する）読者も、おじいさんと同様に、まさに夢現の世界を享受することになろう。

小説末尾におけるおばあさんの夫の登場（おばあさんの覚醒）という現実に、突如夢が覚めたような感覚を読者が抱くのは、右のような語り・騙りの方法の所以である。

三　聖なる人物の愛は実るか？

以上のように、小説は予定調和とはほど遠い場所へと読者を運ぶが、おじいさんの愛は徹底して報われないがゆえに、無償の愛へと昇華し、ここに切ない〈愛の不条理〉のテーマが完成する。

しかし、おじいさんは思いむなしく愛に破れた、ただの被害者であったのだろうか。三〇年にわたる純愛を貫き、朝から晩までおばあさんの世話をしながら、おじいさんがおばあさんの心を自分に向けることができなかったのは一体何故なのか。結局、おばあさんはおじいさんの心を弄んだ〈悪女〉だったのか。そうしたことを問うてみるのも、本小説が提示する世界観のより正確な理解につながるだろう。

実は、「仙桃の花」はおじいさんの報われない愛を描くと同時に、その純愛の裏に見え隠れする非現実性や幼稚性をも描きこんでいるのではないか。すなわち、この小説はただに「心優しいおじいさんの失恋物語」を語っているのではなく、純粋さが孕む負の面についても描いており、両義的多面的な世界の様相を如実に浮かび上がらせていると言える。以下、その点について詳述する。

小説はおじいさんが詩的でロマンチックな感性の持ち主であることを最初から明かしている。冒頭では「あるかなしかの風がおじいさんの室の窓を叩いて、おじいさんを呼びおこす」。それをおじいさんは「風が誰かの使いでやって来るようにも思われ」たとし、自分を起こしてくれた風には「お礼をい」う。このようなおじいさんと自然との詩的な交感は、次の場面にも描かれている。

おじいさんは庭つづきになった裏の山へ入って行きます。山は相思樹の林になっていて、そのうち特にいかつく巨大な一株が、まるで裏山の王様のように立っていました。おじいさんはこの一本に素戔嗚尊という名前をつけていましたが、その根元近くに清らかな泉が湧いているのです。おじいさんは毎朝その水を汲みに来るのでした。もちろん、おばあさんの顔を洗って差しあげるためです。林には沢山の小鳥や栗鼠が棲んでいて、おじいさんの姿を見ると、小鳥たちは枝から枝へと飛び移りながら囀ります。おじいさんを歓迎しているのでしょう。小鳥たちは相思樹の枝々を揺すっては、葉っぱに溜まった朝露までをおじいさんの洗面器に振るい落としてくれるのでした。（第一二段落）

小鳥たちはおじいさんを「歓迎」し、おばあさんのために集める朝露を「振るい落としてくれる」。また、おじいさんは「いかつく巨大な」樹木に「素戔嗚尊」という神話の神の名をつけており、その根元近くに湧く「清らかな泉」を毎朝汲んではおばあさんの顔を洗う。泉の水は「この世のものとは思えないほど清冽」で、朝露は「星の世界からの贈り物」でもあった。このように、おじいさんは神や自然物と近しい、いわば聖なるイメージを付帯している。それは、彼が「一輪一輪まるで神様によってつくられた翡翠の玉のよう」な仙桃の花でおばあさんのためにくびかざりを作る行為にも通じている。

では、そうしたおじいさんの特性、詩的でロマンチックで聖性を帯びた人物像は、実際のおばあさんとの暮らしのなかでどのように機能しているだろうか。若い頃、おじいさんから仙桃の花のくびかざりをもらったおばあさんは、御礼として「花くびかざり」の詩を書き送った。その詩のなかでおばあさんは自分のことを「仙桃の花をひとつひとつつないだ／花くびかざりをもらった日／私は幸せな女の童」と詠んだが、おじいさんと一緒に暮らしはじめたおばあさんは、まさに「女の童」として扱われ、位置づけられていると言える。

たとえば、おじいさんはおばあさんに牛乳を飲ませる時、「熱すぎてはいけないので、口でふうふう吹いて熱を冷まし」て与える。それをおばあさんは「童女のように大人しく飲んでくれ」た。また、おじいさんがお伽話をするとき、おばあさんが「時々思い出したようにあの童女のような笑顔を向けてくれ」ると、おじいさんはそれが「嬉しくてなりません」という。

また、おじいさんがおばあさんの顔を洗うために泉の水を汲む容器は、「綺麗に洗って乾かしておいたおもちゃのような小さな洗面器」であり、朝食の際、おばあさんのために葡萄の皮を一粒ずつ剥いて食べさせる様子は、「傍で見ているとままごと遊びをしているよう」と語り手に説明されている。また、淋しがり屋のおじいさんのためにおばあさんがかつて「歌って聞かせ」たのが「藤村の詩」であったのに対し、おじいさんがおばあさんのために歌ったのは「子守唄」であった。

そして、おじいさんはおばあさんを軽々しく触れてはならぬ大切なものとして、常に一定の距離を置き、崇める。食事が終わった後、おしぼりでおばあさんの唇を拭う時も、「心なしか今でも胸が何だかときめく」にもかかわらず、その唇は「決して素手では触れるべきでない、大事な大事な場所」とされる。一日の終わりにおばあさんの肌をタオルで拭くときも、「おばあさんが恥ずかしがるだろうと思われるので、いつも日が暮れてから、それも電燈を消してから拭」く。この心づかいも「おばあさんはおじいさんにとって本当にかけがえのない宝物なので、少しでもその宝物を汚してはいけない」という意識に基づいている。若い頃、おじいさんが書いた「握手」という詩のなかでも、おばあさんの手は「温かい柔らかい宝物の手」と表現されていたが、いくら相手を大切にするにしても、またおばあさんが正気を失っているにしても、このような「宝物」扱いは本当に人間と人間の、男女の現実的な関わり方と言えるだろうか。おじいさんはおばあさんを大切にしているつもりで、実は生身の女性としてではなく、あくまで彼女を都合よく自身の詩的世界に囲い込んで満足しているのではないか。だからこそ、おばあさんはおじいさんとの暮らしのなかでは決して正気を取り戻さなかったのではないか。

おじいさんの非現実性を顕著にあらわすと考えられるのが、次のような「治療」行為である。


「治療」というのはおじいさんが考案したもので、右手と左手、左手と右手をしっかりと握り合うのです。するとおじいさんの霊魂が手を通じておばあさんの体へ流れ込み、一方の手からはおばあさんの霊魂がおじいさんの体内へ流れ込んで来ます。意識のはっきりしなくなったおばあさんの霊魂には悪い毒が祟っているので、おじいさんは自分の健全な霊魂でそれを清めようとするわけです。こうしておじいさんはしっかりとおばあさんの手を握り、「さあ、しっかりするんです、しっかりするんです」とおばあさんをはげまし、一方ではおばあさんの体の中に流れ込んで行く自分の霊魂に、「さあ、おばあさんを治すんだ、おばあさんを治して差し上げるんだ」といい含めます。（第二三段落）

この「治療」の効果について、本文では「おばあさんがここへ来た当初に比べて、この頃ではよく笑顔を見せるようになりましたが、それもこの治療が効いているのだとおじいさんは信じています。きっと自分の愛の力でおばあさんを治してみせる、きっとその時が来ると、おじいさんは信じているのです」と語られている。語り手は巧妙に（あるいは律儀に）「治療」の効果のほどが絶対的な事実ではなく、あくまでおじいさんの主観であることを繰り返すが、先にも触れたように、おじいさんが自然と交感できるような聖性を帯びているだけに、この時点で「治療」の効果の有無を読者は客観的には判断できない。

しかし、小説を読了後、右の「治療」を改めて眺めれば、これは科学的根拠のない、悪く言えばあやしい宗教のようにも見えてくる行為であろう。

さらに、おじいさんがおばあさんに深く交渉できない理由として掲げられるのが、「他人の奥さん」だからという説明である。若い頃、「おばあさんは他人の奥さんだったので、おじいさんは滅多にしかおばあさんには会えませんでした」と語られるだけでなく、「ご主人」が外国から突然戻ってきた時も、「おじいさんはそれを止めたかったのですけれど、それができませんでした。何といってもおばあさんは他人の奥さんだったからです」と述べられている。ここにあるのはおじいさんの、よく言えば控えめな、しかし徹底した受動性、受け身の姿勢である。おじいさんは若い頃も「現実の世界からかけ離れた別の世界で、おばあさんの面影を一心に抱きしめ」ていたが、三〇年経過しても、依然としておじいさんの愛とは、ままごと遊びの延長線にある、夢の世界の理想にまさった恋であった。

夫の帰還によっておばあさんが覚醒した時、本文には「夫婦とは本当にこんなにも深い絆をもつものなのでしょうか」と語り手の感想が挟まれているが、おじいさんの純愛が現実を変える力を持たぬ時、夫婦という世俗的な関係に敗北するのも、当然の成り行きであった。

以上のように、「仙桃の花」はおじいさんの立場から見れば、切ない〈愛の不条理〉を、しかし、一旦おじいさんの視点を離れてみると、現実からあまりにも遊離した愛は破れるという、至極当然の〈愛の摂理〉を描いた小説と捉えられる。純粋さと聖性（＝非現実性）を特性とするおじいさんのような人間は、俗世に居場所はない。小説はそのことを「山」に住むおじいさん、「町」に住む「ご主人」という空間の対比にも託して描いている。二人の対照性は、その言葉遣いやおばあさんへの対応にも顕著にあらわされている。

おじいさんは「おばあさんを治して差し上げるんだ」と、敬語を用いて優しく世話する。一方、夫の方は、妻を一度は捨てながら、「さあ、目を覚ますんだ。ぼさっとしないで」とおばあさんの肩を手づかみで「乱暴に前後左右に揺すぶ」って叱る。どこまでも自分勝手で粗雑な夫であるが、にもかかわらず、夫の方をおばあさんが選ぶ点に、この小説の現実的、非情な側面がある。仮に、最終的におじいさんの純愛が実るのであれば、この小説は読んで心地よい夢物語として読者に消費されるものだったはずである。ところが、世俗（夫）の方に軍配が上がるという点に、小説の持つ批評性、すなわち〈愛とは一体何なのか〉〈夫婦とは何なのか〉という問いが浮上する。

そして、おじいさんの清純な夢の世界の醸成を大いに助けているのが、小説が採用する「です・ます」調のお伽話風文体である。この丁寧な語り口は、おじいさんの詩的世界の雰囲気を保持するだけでなく、時に「ごらん、今おじいさんは紅い絹糸を出して、一輪一輪と仙桃の花をつないで行きます」（第八段落）、「すると見てごらん、おばあさんは花嫁さんのように恥ずかしそうに、それでも嬉しそうにおじいさんの顔を見て微笑んでくれます」（第一九段落）と、直接読者に呼びかけ、おじいさんとおばあさんの行為の現前性を強調して、読者を小説世界に巻き込むことを忘れない。そうして、読者はおじいさんの夢の世界に自動的に寄り添うこととなり、何も知らぬまま結末の破綻へと誘われる。心地よく優しい語り口もまた、小説の結末をより残酷に、より非情に、より予想外のものとして読者に提示するために仕組まれた詐術である。

それでは、夫という〈現実〉に破れたおじいさんは果たして何処へ消えたのだろうか。単純におじいさんの死を連想することもできるが、彼に付与されていた自然物との近しさや聖性が、様々な読みを可能にする。

小説末尾の文、「不思議なことに、おじいさんの山の家ではそれっきりあの仙桃の木が花を着けなくなったといいます」という、おじいさんと花との感応現象からすれば、おじいさんの正体は仙桃の木の精であり、人間界の愛を失って自然に還ったと考えることもできよう。風がおじいさんを起こしたり、小鳥や栗鼠がおじいさんを歓迎したのも、その傍証となる。

また、「仙桃の花」というタイトル自体、字面から仙人への連想を生む。[2]実際、そのイメージに違わず、小説のおじいさんは山に住み、聖性を帯びた人物であった。タイトル中の「桃」、作中に登場する「八」という数字、「翡翠」、「神通力」はいずれも仙人に縁のある言葉である。[3]仮におじいさんが仙人としての能力を持つのであれば、仙桃の花もおじいさんがおばあさんのために仙術で咲かせたものとも考えられる。仙人は不老不死であることからすれば、おじいさんは山の家から姿は消えたが、どこかで生きているということになろうか。[4]

このように、「仙桃の花」は読後も様々な想像を促してやまない魅力的なテクストであるが、おじいさんのおばあさんへの〈愛の象徴〉である「仙桃」とは、黄霊芝『台湾俳句歳時記』（言叢社、二〇〇三・四）にも採用された、台湾季語の一つであった。[5]その中国名は「蛋黄果」、日本名は「卵果樹」、西洋名は「カニステル」である。すなわち、これまで見てきたような小説の詩的世界は、台湾独自の呼称である「仙桃」の名によって連想され、構築されたものとも言えよう。「仙桃の花」はその点でまぎれもなく台湾の風土、感性、ことばに根ざしたテクストなのであり、同時に台湾という場を越えて、読者を「陥穽」に陥れて十分に「感激」させる小説である。

注

（1）『黄霊芝作品集　巻一九』の「あとがき」には「「ユートピア」だけが近作で、他は紙魚の食べ残りである」と記されており、その言葉を信じれば、小説の執筆時期は発表された二〇〇一年より、かなり遡るようである。

（2）黄霊芝自身から、「仙桃」は「台湾一般民間で使われている名称で」「一番「通り」やすい呼称」、「台湾での「仙桃」は誰がつけた名前なのかわかりませんが、形が桃に似ており、且つ一風変わった果物であるために「仙人の桃」という意味で広まったのだと思います」との教示を直接受けた（二〇一二年六月一七日付下岡宛ＦＡＸ）。

（3）桃は、中国では「五果の一つとして重要な果実であり、かつ桃源郷というユートピアを構成するばかりか、不老長生の仙木でもある。また、鬼はらい、魔除けの霊木にもされて」いる（麓次郎『四季の花事典』八坂書房、一九九九・五）。

おじいさんは毎朝、「おばあさんに少なくとも八十八歳まで生きていて欲しい」という願掛けとして、仙桃の花を八八輪拾っている。これは米寿の祝いに基づいていると考えられるが、福島一浩に拠ると、「中国では古代から「八」は宇宙を示す聖数とする説があった」（「仙人の誕生　全真教と呂洞賓信仰を中心として」『象徴図像研究　動物と象徴』言叢社、二〇〇六・三）という。そのため小説では古稀や喜寿ではなく、「八十八」という数が選ばれているとも考えられる。また、仙桃の花は「翡翠の玉のよう」と本文中に形容されているが、翡翠とは、道教では「天の要素であり、竜の精液から生じたとされ」、「高貴さ・完全さ・不死を象徴」（ミランダ・ブルース＝ミットフォード著／小林頼子・望月典子監訳『サイン・シンボル大図鑑』三省堂、二〇一〇・四）している。

さらに、おじいさんはおばあさんと手が触れ合った時、「電流がおじいさんの体中を稲妻のように走り去」り、「それ以来、おじいさんは丸で電流の一族のように風邪ひとつ引かない丈夫な体になり、神通力をもつようになった」と本文中には記されている。「霊魂」の流れを浄化しようとするおじいさんの行為を、「気」の操作を施す仙人の術の一種と見なすこともできる。

（4）ただし、仙人の能力は「久米仙人」の逸話にも顕著なように、人間的感情を持てば失われるものとしてあり、おばあさんへの愛情を持ち続ける「仙桃の花」のおじいさんをそのまま仙人と考えるには、齟齬をきたす点も少なからず存する。

（5）黄霊芝『台湾俳句歳時記』は「仙桃」について次のように説明している。

赤鉄科と書き、黒鉄科ともよぶ変な科の果樹。カキノキ目。村越三千男の『大植物図鑑』に卵果樹の名で見える。果肉が卵黄に似、中国名は蛋黄果、一名仙桃。常緑小喬木で六月頃、一センチほどの袋状翠緑色の花を着け、無数に散らう。これを拾って紐に繋ぎ、ままごとの花嫁さんの首に懸け、今生を夢みたことが私にもあったっけ。果実は桃形、黄金色に熟する。テンポののろい植物で、熟しはじめてから熟するまでに何か月もかかる。春、樹上で完熟したものは魂がとろけるほど美味。一般には未熟果を採り、蔕部に塩を塗って催熟し、味、がた落ちだ。

仙桃の花を「拾って紐に繋ぎ、ままごとの花嫁さんの首に懸け、今生を夢みたことが私にもあったっけ」という一節には、小説「仙桃の花」と同種の発想が見える。また「テンポののろい植物」という性質も、おじいさんの三〇年に渡る純愛と失恋という経緯と通じるものがあり、小説はこの植物の性質やイメージをよく生かしたところに成立していると言える。

右の『台湾俳句歳時記』に引用されている、村越三千男『大植物図鑑』（大植物図鑑刊行会、一九二四・九）「ランクワジユ」の項目には「西印度原産ノ喬木ナリ。葉ハ広披針形ニシテ短キ葉柄ニヨリテ互生ス。果実ハ鶏卵大ニシテ卵形円ヲナシ鶏卵ニ似タル味アルヲ以テコノ名アリ」と記されている。また、他の図鑑では「アカテツ科のクダモノタマゴ Pouteria campechiana」として「ブラジルから中央アメリカにかけて栽培される。樹高は10メートルくらいで、球形から卵形の果実は直径5～10センチ。果皮は橙黄色で薄く、多数の細い条がある。果実も橙黄色、粉質で特有の香りがあり、味は甘い」（『朝日百科植物の世界　第一四巻』朝日新聞社、一九九七・一〇）と説明されている。

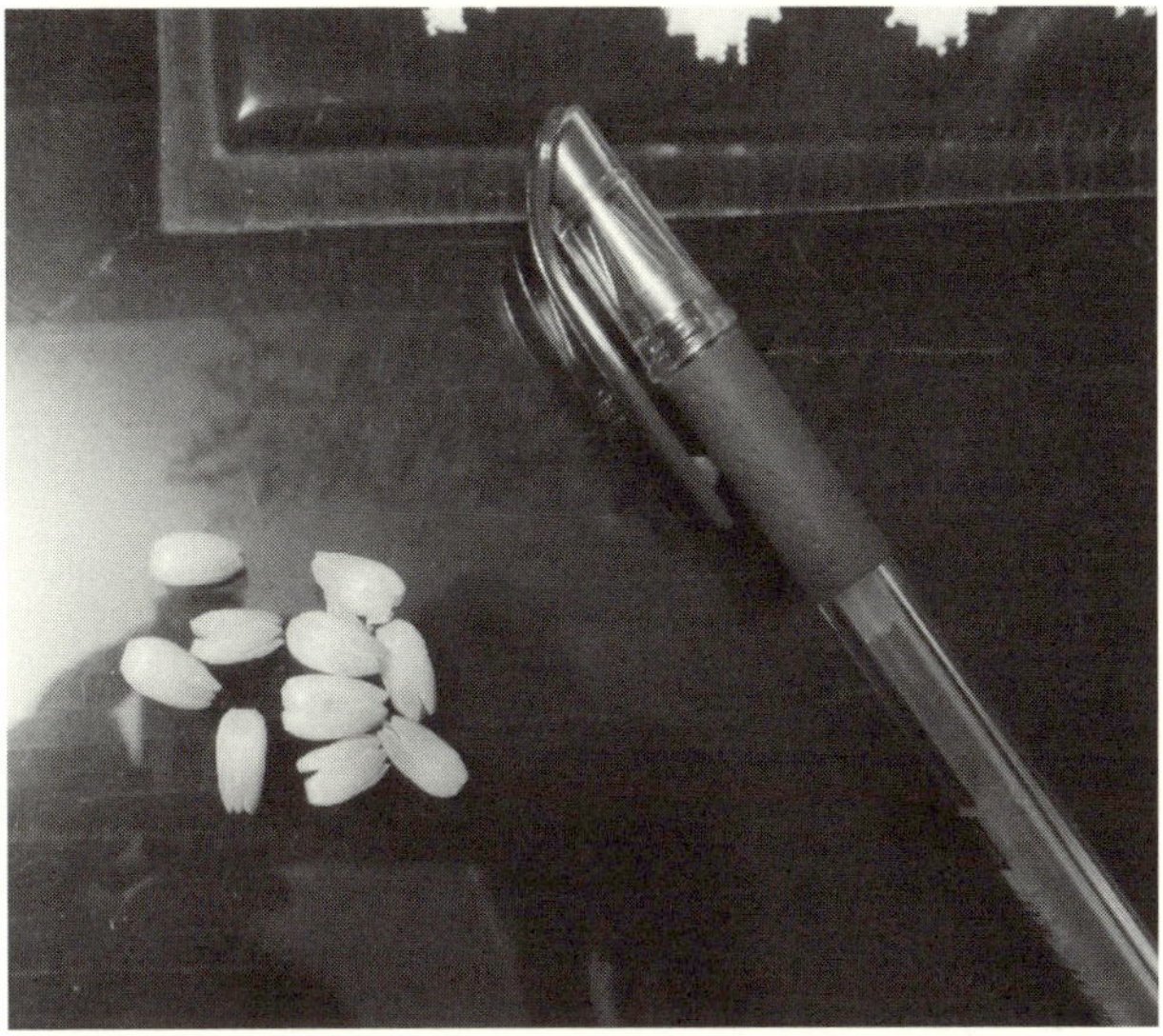

写真　仙桃の花
（於黄霊芝自宅　二〇一二年七月一五日　下岡撮影）

第六章　俳句「自選百句」

黄のものした創作ジャンルは詩、小説、短歌、童話、論説と多岐にわたるが、最期まで手放されることがなかったのが俳句であった。二〇歳で結核を病み、一六年間の療養を余儀なくされた黄は、同じく結核と闘った明治の俳人、正岡子規への共感を語った上で、「たった一七文字で表現する俳句の世界は、何年たっても究め尽くせない」と述べている[1]。黄の俳句歴は、一九五六年二八歳時の台北相思樹会参加にまで遡れば六〇年に及ぶが、磯田一雄は、長期にわたる黄の俳句の展開を次の四期に分類した[2]。

第Ⅰ期―『黄霊芝作品集②』（一九七一年）に代表される初期の段階
第Ⅱ期―実験的試みの著しい段階（一九七〇年代後半～一九八〇年代）
第Ⅲ期―台湾季語と湾俳の確立に至る段階（一九九〇年代～二〇〇三年）
第Ⅳ期―正岡子規国際俳句賞受賞（二〇〇三年一一月）以後　※下岡注 正しくは二〇〇四年一一月以後

右のような変遷は台北俳句会創立後、一九七一年から年一回刊行されてきた『台北俳句集』、並びに『黄霊芝作品集』、姉・阿嬌（号は候鳥）との合同俳句集『候鳥・霊芝合同俳句集』（一九八四・一二）等に確認できる。黄の生前に公にされた句は二千七百句余りであるが、その俳句活動の掉尾を飾るものとして、死の前年（二〇一五年）に日本で刊行・発表された「自選百句」[3]がある。黄は晩年、「俳句は日本の先生が開拓した分野だけど、それに巻き込まれるのではなくて、という気持ちがある」（二〇一三年七月一四日インタヴュー）[4]と語っていたが、黄にとって最後の仕事とも言うべき「自選百句」に関する検討は未だない。果たして黄は最終的にいかなる俳句観に行き着いていたのか。本章は、戦後台湾を代表する俳人である黄の俳句理念や特徴を「自選百句」の検討を通じて明らかにしようとするものである。

一　「自選百句」の出自

まず、「自選百句」の出自を確認することからはじめる。選ばれた句の初出（既出）は、本章末尾に付した「自選百句」初出・既出一覧表の通りである。この表に明らかなように、「自選百句」は、二〇一〇年刊行の『台北俳句会四〇周年紀念集』（以下『四〇周年紀念集』と略記）収録句を特に前半に集中してそのまま取り込んでいる（『四〇周年紀念集』収録の全三〇句中、二七句が「自選百句」に採用）。同時にそれらの句の多くは、『黄霊芝作品集巻一五』（二〇〇〇・一二）、『同　巻二〇』（二〇〇三・一二）、『台北俳句集　31集』（二〇〇三・八）等にも収録されてきたものであり、黄はこの二〇〇〇～二〇〇三年段階での自身の代表作を二〇一五年時においても同じように高く評価していたことが分かる。磯田は二〇〇〇年を黄霊芝俳句の完成時期とみているが[5]、黄自身もほぼ同様の認識を持っていたと考えられる。

ただし、百句全体の初出年代を確認すると、二〇〇〇年以降に発表された句が四五句収められているとともに、二〇〇〇年以前に既に発表されていたものもほぼ同数の四四句存する。さらに、その二〇〇〇年以前の初出句を年代ごとにみると、一九七〇年代に発表された句が一四句、一九八〇年代が一五句、一九九〇年代が一四句であり、一〇年ごとにほぼ等しく句が選出されていることがわかる。すなわち、「自選百句」は黄の自身の長い句歴の軌跡をまんべんなく網羅するように編まれたものと言える。

なお、既出が確認できなかったものが一一句あり、それらは「自選百句」が発表された二〇一五年段階における新しい句と考えられる。黄の俳句は二〇〇〇〜二〇〇三年を一つの完成の区切りとしながらも、創作自体は依然として死の直前まで続けられていたことを「自選百句」の構成はあかしている。

二　リズム　―破調の所以―

「自選百句」の冒頭部に置かれている評論（「はじめに」）において、黄は「五七五にリズムがあるといっても、それでは五七五以外にはリズムがないのか、という問題に出くわし」、「真実にはありとあらゆる音色にはあらゆる音色のリズムがあると考える方が正しいだろう」と、五七五は俳句の「定義ではない」ことを論じている。同様の主張は「定型にさほどの価値があるのではなく」「究極的には芸は天衣無縫でありたいと思っているに違いなく、定型による束縛は、云々然々を賄うほどの資格をもちはしない[6]」と従来から黄によって繰り返されている。

実際の「自選百句」における自由律俳句は七句であり、他の九三句は定型句である（字余りは一部に見られる）。九割以上が定型句であることからすれば、黄は定型の有効性を決して否定していないことになる。では、例外的に破調がゆるされた句とはどのようなものか。まず「自選百句」第一句目に置かれたのは、次のような自由律であった。

1　初蟬に雨、雨、雨、雨、雨（算用数字は百句中の掲載順をあらわすために下岡が付した。以下同様）

定型リズムを破る「雨、雨、雨、雨、雨」の表現は、雨が決して一時的なものではなく、しばらく降り続いていることをあらわす。また、「雨」という漢字自体の象形並びに三つの読点のかたち自体が、雨の滴を視覚的に想起させるものとなっている。夏の到来を告げる初々しい蟬の声が聴けたと思いきや、そこに容赦なく雨が降り続いているというのである。そのような雨の過剰、非情をあらわすのに雨三つでは足りず、四つの繰り返し及び読点が必要とされたのだと考えられる。破調はその結果であろう。雨中で自身の登場を知らせるがごとく懸命に啼く（或いは啼くことができずに控える）蟬の健気な様子と、そんな蟬への愛しさ、慈しみが感じられる句である。続く「自選百句」第二句目も蟬句・自由律である。

2　蟬閉ざす教室の窓一、二、三、四、五……

この2の句に関しては説明が付されており、「そもそも教室の窓は偶数個あるものだ。ゆえに一、二、三、四、五、六でないと辻褄が合わない。だが違うのだ。件の蟬、窓が五つ閉ざされた時点で教室からすでに脱出していた……」とある。仮に定型のリズムに則れば、下五を「一、二、三」の五音でとどめておくという方法もありえた。しかし、それでは蟬をめぐる教室内の騒動（劇）としての動きと時間が不足すると判断されたのであろう。（なお、この句の場合、上五中七は守られており、下五を中国語音で読むと調子はほぼ定型リズムに近い句となる。）

2の句の初出は「蟬閉ざす教室の窓一、二三四五六」（『黄霊芝作品集　巻二〇』二〇〇三・一二、『四〇周年紀念集』二〇一〇・一二）であった。改稿後の2の句では新たに読点が三つ加えられ、窓が順に閉められていく様子が、より動的にリズミカルに表現された。さらに、句の末尾の「……」が窓から逃げ出した瞬間の蟬の軌跡や、蟬を失った教室の喪失感、失望をあらわしていると読める。窓がすべて閉められ、蟬が教室内に閉じ込められてしまう初出形よりも、生徒や教師の意に反して蟬が逃げてしまったという「自選百句」の2の句の方が、より印象深く余韻を残すものと言えよう。その他の「自選百句」の自由律には、次のように漢詩の対句を思わせる、二物を並列させた構成の句がある。

8　一丁目一番地　大鉄門に御所桜

9　表門ブーゲンビリア裏備へイカダカズラ

8は、はじまりの地番と門と桜というモノを並べたに過ぎない句であるが、いかめしい門構えを持つ邸内に、由緒ある堂々とした桜が豊かに咲き誇っている様子が想起される。各単語の頭に置かれた「一」「一」「大」「御所」という語の担うイメージが効果的に作用している。9は家の表と裏に植えられたそれぞれの植物（原種は同じ）から、住居にも華やかな〈表の顔〉と、防犯に重きを置く〈裏の顔〉の両面があることを端的に示した句である。合理性・機能性を重んじて必然的に生み出された植物と人との共存の佇まいに美が見出され、漢字とカタカナの対照により、その共存風景をそのまま視覚的にも表現した句と言えよう。

黄は「俳句は「二つの物」でつくる詩なのである」[7]、「詩は基本的には二物の衝撃により生まれる」[8]と明言している。この理念自体は極めて一般的な把握であるが、詩を生み出すに必要な二物の取り合わせにおいて、句全体を二分割しうるような対句構成を行っている点に、日本の俳句には通常まず見られない黄の方法がある。この8、9や先の1の句は活用語を全く含まず、名詞と助詞のみから成るという点でも特徴的な句であるが、逆に、次のような散文的な自由律句もある。

21　盲人とすれ違った蝶にも蝶とすれ違った盲人にも一瞬があった

盲人と蝶、両者が互いに互いを意識する、すれ違いの「一瞬」がスローモーションの映像のように捉えられた句である。初出は散文詩「蝶」(『黄霊芝作品集　巻六』一九八二・五)であったが、その一節を独立させて「自選百句」に収められた。俳句の定型からすれば字数超過も甚だしいが、「盲人とすれ違った蝶にも」「蝶とすれ違った盲人にも」の部分はそれぞれ一五音に揃えられていることには注意すべきであろう。この21の句同様に、次の句も初出を散文詩とする(初出の題は「エレベーター」)。

19　八階へ上がって行ったエレベーターがなかなか十二階から降りて来ない

右の句には「待つとはこのようなことだ」との説明が付されているが、誰もが一度は経験したことがある、焦れったい時間、思いが具体的な数字(階数)の提示により、滑稽味を伴って表現されている。定型からすれば、この句も大きく字数をはみ出すが、「エレベーター」の直後で切った場合、五・七・六/五・七・六という同一の音数で成り立っている。「五七五以外にはリズムがないのか」「あらゆる音色にはあらゆる音色のリズムがある」という黄の主張は、右のような破調の句のなかに実際に追求されていると言えよう。その他の自由律「58 センノサイド千錠入　ままよ颱兆す」「97　ひそかなるものに芽、芽、喪」両句については後述する。

三　季語　―台湾＋日本という複眼―

ここでは、季語について検討する。百句中、無季俳句は先に見た一句のみ（「19　八階へ上がって行ったエレベーターがなかなか十二階から降りて来ない」）である。黄は「自選百句」の「はじめに」で「季語の虜になってもおりません」と断言し、別のところでも「季語とは一体何であろうか。俳句の季語――その必然性について――結論から先にいうと、実は私にはかなり懐疑的なのである[9]」と述べている。『台湾俳句歳時記』の著者とは思えない、季語に冷淡な発言であるが、実際には「自選百句」中、九九句が有季俳句である。この数的事実からすれば、季語が有意義な表現要素と黄に考えられていることは、まず疑いない。おそらく黄としては、季語という既存のことばに安易に寄りかかって作句するのではなく、あくまで自身の詩を立ち上げるための一部（道具）としてそれを利用すべきという、表現上の主従を明確に主張したいがための先の言かと考えられる。

「自選百句」九九句の季語のうち、台湾季語を採用しているものは三〇句、従来から存する日本季語を採用したものが六九句あり、内訳は次の「自選百句」季語表の通りである。なお、ここでいう「台湾季語」とは、『台湾俳句歳時記』所収の「台湾独特の季題」並びに日本季語と「名称は同じか似ていても内情の異なるもの[10]」を指す。

「自選百句」季語表（算用数字は百句中の掲載順をあらわす）

	台湾季語	日本季語	
年末年始	門神（41）、春聯（45、63）、天公炉（46）	年越し（69）、年迫る（87）、薺（99）	新年
寒い頃	雪見（5）、イカダカズラ（9）、霾（12）、蒜（47、59）、基隆雨（54）、香肉（90）	鮟鱇（11）、焚火（15）、裸木（16）、キツネ（33）、懐手（68）、日短（83）、冬（84）、煮凝り（91）、重ね着（95）、寒早（96）、寒雀（100）	冬
涼しい頃	秋刀魚（18）、栗の秋（52）、孔子祭（85）、炊飯花（86）	台風（58、98）、月（66）、鳥渡る（67）、爽やか（73）、稲（75）、秋（79）、あきつ（80）、水澄む（92）	秋
暑い頃	長いもの（31）、桜蘭（38）、月桃花（39）、はぶ（57）、義民節（60）、糸瓜（67）、榕（78）	蟬（1、2、4、6、17、22、23、24、25、26、27、28、29、32、34、35、64、65、74）、守宮（20）、夏（36）、紫蘇（37）、遠雷（50、51）、深梅雨（53）、金魚（61）、ヤゴ（70）、鮨（71）、旱（76）、日々草（81）、端午（88）、羽蟻（93）	夏
あたたかい頃	帝雉（3）、仙公生（7）、かはらけ菜（13）、鯖（14）水仙会（40）、大道公生（42）王爺祭（43、44）、蝗（94）	桜（8）、花の冷（10）、蝶（21、49）、花疲れ（30）、かげろふ（48）、春宵（55）、花曇（56）、蜷（62）、四月馬鹿（72）、浜栗（77）、日長（82）、つばくらめ（89）、芽（97）	春

日本季語（特に夏）の使用数が多いのは、蟬句が一九句収められていることによる。従来から存在する季語のため、日本季語と分類しているが、亜熱帯及び熱帯気候の台湾では、蟬が日本同様、あるいはそれ以上に身近な

存在であることは言うまでもない。蝉は先にも見た通り、「自選百句」の最初に連続して配置されるなど、黄の好みの題材である。蝉は『黄霊芝作品集　巻二』（一九七一・一〇、散文詩）からとりあげられており、その後も『同巻六』（一九八二・五、散文詩）を経て『同　巻二〇』（二〇〇三・一二）には「蝉三百句」（実際には四四六句）が収められている。磯田は蝉を「黄霊芝の死生観を代表する表現の対象」と位置づけている。[11]

ただし、「自選百句」に収められた蝉句の場合、はかない生を主題とするものよりも滑稽句の採用の方が目立つ。たとえば、「3　山さ来て蝉なん知らぬギター掻」、「22　岩ありて蝉ゐて芭蕉どこかに居」などである。逆に、「手に蝉を握るは命握りけり」「空蝉の朽葉湿りの中の墓所」など、蝉を通じて生死を主題に詠む句は「自選百句」に選ばれていない。『台北俳句集　29集』（二〇〇二・一）及び『黄霊芝作品集　巻二〇』（二〇〇三・一二）にともに収められていた

蝉句以外にも、二〇一五年発表時の新しい句には「33　男ゐて呼べばキツネや峠茶屋」、「47　ガーリック洋語は臭くなかりけり」、「58　センノサイド千錠入　ままよ颱兆す」、「60　神豚も義民の裔も福の相」、「64　入婿も蝉もなかなか夕暮れず」、「72　四月馬鹿ししゃもはオスも身籠もれる」などと、多くが滑稽的要素を持ち合わせている。このことからすれば、「自選百句」を編む黄の俳句観自体が、端正で真面目な句よりも、諧謔性を持つ句の方を優先させる価値観のなかにあったと指摘することもできよう。

なお、初出と比較した際、日本季語から台湾季語、逆に台湾季語から日本季語に改められたものが確認できる。まず、日本季語→台湾季語に改稿されたのは次の二句である。

・蜩鳴きて後干泣く子となりゆけり（『黄霊芝作品集　巻二〇』二〇〇三・一二。季語を示す傍線は下岡が付した。以下同様）

44　後干泣《しりび》く子となりゆけり船を焼く←

・竈食する御坊溜り花の雨（『台北俳句集　24集』一九九七・三、『黄霊芝作品集　巻一五』二〇〇〇・一二）

54　竈食《へぐい》する御坊溜り基隆雨←

44の「船を焼く」＝「焼王船《シオオンツン》、送王船《サンオンツン》、送王爺《サンオンヤア》、王爺祭《おうやさい》」は『台湾俳句歳時記』の「暖かい頃」に収められた季語である。(12) 改稿前の句では、「後干泣く」（＝泣き声がだんだんと小声になっていく）理由が蝉の声にあったが、それよりも「船を焼く」と付けた方が詠まれる景が格段に大きくなると考えられて改稿されたものであろう。子の泣き声が小さくなっていくこと自体が目の前で焼かれる船、祭の迫力を間接的に物語っており、季語の下五への移動も加わって、単純に因果関係を説く改稿前の句に比べて優れている。

54には「基隆は雨の名所。竈食するとは竈の側で食事をすること」との説明が付されている。場のイメージを伴う季語「基隆雨」の採用により、想起される映像はより具体的、鮮明になり得た。また、改稿前の春の季語「花の雨」には華やかさがあり、竈食する行為との齟齬があったが、「寒い頃」の季語「基隆雨」への改変により、喚起される情景は侘しくつつましやかなものへとイメージが統合された。

逆に、台湾季語→日本季語へと変更されたのは、次の句である。

・竹鶏鳴く逢ふさ離るさの古参道（『台北俳句集　21集』一九九三・二、『台湾俳句歳時記』二〇〇三・四）

34　蟬幾世逢《お》ふさ離《き》るさの古参道

竹鶏とは、冬に結群し、「筒抜けの大声」で鳴く、台湾全島の低海抜地に分布するキジ科の鳥のことである（『台湾俳句歳時記』参照）。「寒い頃」の季語である竹鶏を用いる原句のままでも、古参道の閑けさ、淋しさが伝わってくるが、改稿句はおそらく「逢ふさ離るさ」という表現をより生かすことを目論んだものと考えられる。34では、人々の出逢いと離別の舞台となってきたであろう古参道の知る時間の長さ、大きな時間の流れが「蟬幾世」によってより強調され、句の示す感動の中心が絞られた。

言うまでもないことだが、季語三九六項目と解説・例句から成る『台湾俳句歳時記』を編むだけの力量を持つ黄は、従来から存する日本季語に通暁している上、台湾季語という持ち札をも手にしている。台湾の日本語俳句について、ともすればそれを日本国内のそれの傍流・亜流のように軽視する見方があるが[13]、言語（日本語）の表象可能性からすれば、事態はむしろ逆であろう。台湾季語と日本季語を交換して句を練り上げる黄のような作句の手立ては、日本季語しか知らない俳人には到底不可能な術なのであり、表現はより広い可能性の領野で模索された上で、最終的な定着をみているのである。黄は日本季語＋台湾季語といういわばハイブリッドな複眼によって世界をまなざしている。その「異種混淆化」の発端が戦前の〈帝国〉日本による植民地支配にあり、「けっして幸せなものでも、同意にともなわれた多様な文化の混合でもないということ」（ホミ・K・バーバ[14]）は重々承知しておかねばならないが、黄は自らの置かれた言語環境を逆手にとって、自身の表現・認識世界を拡張した。一つの焦点からなる円形よりも、二つの焦点を持つ楕円形の方が、その孕む世界は大きい。仮に円形しか知らぬ者には楕円形がいびつに見えたとしても、である。ここに黄の言う「俳句は日本の先生が開拓した分野だけど、それに巻き込まれるのではなくて」という自負を支えるだけの確かな拠り所、力の一端があると言えよう。

四　音調重視、会話体の活用　―自由自在へ―

「自選百句」は次のような四句で結ばれている。

97　ひそかなるものに芽、芽、喪
98　颱去りて林の奥の奥に人
99　上つ文文箱に薺《なずな》女子が目に
100　寒雀寒銅像にお相伴

これらの句に共通しているのは、いずれも同じ音を繰り返すという音調への高い意識である。97の句は初出（『台北俳句集　5集』一九七六・一）では、「芽、芽、喪の裏戸」（傍点は下岡。以下同様）であったが、それを「芽、芽、喪」とより簡潔に指示内容を示し、m音から成る音を三つ重ねて言い切りとした。句全体を引き締めて「ひそかなるもの」をいう内容によりふさわしい、籠もった音調に端的に整えられたと言える。また、「芽」（＝植物の生）と「喪」（＝人間の死）という一見全く異なる現象を、それぞれ一音で「ひそかなるもの」と把握して提示してみせるという、独創性の高い発想・表現の句でもある。

98は台風一過の後、林の奥から思い出したように人が出てくる様子が目に浮かぶ句であるが、「奥」の音の繰り返しに加えて、「奥」という漢字自体に（＝「奥の奥」には）「人」という文字が読み取れるという、遊びの要素の存する句である。99（「うえつふみふばこになずなめこがめに」）は、細かな音の重複（「fu」「na」「ko」「me」「ni」を二回ずつ繰り返す）による言葉遊びと、内容上での対照（皇族ゆかりの上つ文は室内の文箱に仕舞われ、女子は野外の薺に夢中）によって成立した句である。

100の句は「寒銅像」という造語が「寒雀」という季語と並べられることによって、音の響きの繰り返しを生んでいるだけでなく、「寒」の字の連想から、淋しい雀と淋しい銅像の姿、銅像の冷たい感触が想起される。しかし、その銅像の足元で雀が餌を置いて啄む姿を「お相伴」と見立てた下五により、内容は一転し、優しい句に仕上げられている。「寒雀」「寒銅像」というお揃いの言葉は、仲間としての両者をあらわすにいかにもふさわしい語である。このように、最終部に置かれた四句はいずれも音調への高い意識に支えられている上、内容・表現面でも独創的な句が配列されており、黄の「自選百句」を締めくくるにふさわしい結びと言えよう。なお、音への意識は、次のような会話体の積極的な活用にも見てとれる。

20　父ちゃんじゃないんだってば守宮の死
31　長いものおじゃるで峠気いおつけ
58　センノサイド千錠入　ままよ颱兆す
73　爽やかや《かや》あの子もこの子も巣立ちます

20は守宮を父と勘違いして泣く子を諭す、滑稽句であろうか。或いは拘引される父の無実を「父ちゃんじゃない」と訴える子の叫びと、荒々しく家に入ってきた官憲によって踏みつけられた守宮の死を詠んだ深刻な句であろうか。平易な言葉から構成されているにもかかわらず、両極端な読みを可能にする句である。31は茶店のおばあさんおじいさんの旅人に対する、あるいは出かける孫や息子への言葉であろう。「おじゃる」といった古めかしいことば遣いと「気いおつけ」といった間延びした調子、O音の多用が、山奥の舞台の長閑さや長いもの＝蛇に気をつけるよう注意を促す発話した人の親切心を感じさせる。58のセンノサイドとは「便秘の薬」という説明が付されており、台風来訪に備えて便秘薬を千錠も買うという決断が詠まれた句である。この思い切った買い物の様子が、「ままよ」という自棄気味の一言に集約されており、破調のリズムもその行動・決意の勢いをあらわすに効果的である。73は卒業式の様子であろうか。「かや」の字体の大きさを変えて爽やかさをこだまのように響かせた上、「巣立ちます」という丁寧な報告体の文末表現が、子どもたちの旅立ちを一層涼やかに強調している。

これらの四句は31を除いて、すべて「自選百句」新出句である。一九七一年から毎年刊行されてきた『台北俳句集』所収句を見ても、このような会話体の採用は黄がごく近年になってから見せるようになった方法であり（『台北俳句集　37集』（二〇一一・九）以後、連続的に見られる）、六〇年の作句歴を持つ黄をして新しい試みと言える。確認した通り、諧謔、軽妙、柔らかさを生み出す効果が大きい。

さらに内容面で言えば、20の父と守宮のように、自然物と人間を全くの同列に位置づける世界観が黄の句には顕著である。先の100の雀（動物）と銅像（人間を模した人工物）、97の芽（植物）と喪（人事）も同様である。その他にも、「3　さ丹塗りの頬は役者や帝雉」の役者に見立てられた雉、「21　盲人とすれ違った蝶にも蝶とすれ違った盲人にも一瞬があった」の盲人と蝶、「23　深草少将といひ蟬といひ」の少将と蟬、男がキツネの化けた姿であったことをいう「33　男ゐて呼べばキツネや峠茶屋」、「60　神豚も義民の裔も福の相」の豚と民、「64　入婿も蟬もなかなか夕暮れず」の婿と蟬など、人間と人間以外の生物、自然がことごとく同じ扱いの中にある。

このように、人間が他の生き物同様の場に置かれ、かつその状況があくまでも軽やかな調子で語られている点に、黄の句の特徴があると言える。たとえば97では「喪」が言明されているにもかかわらず、そこには深刻さや暗さがあまり感じられない。また、23の「深草少将といひ蟬といひ」も両者の共通点、早すぎる死を言わんとする句であろうが、愚痴のようなくだけた語り口のために、軽妙な印象すら受ける。そうした力みのなさ、軽みは、芭蕉の句を踏まえる、次の二句にも顕著である。

・いざ行む雪見にころぶ所まで（松尾芭蕉『笈の小文』一七〇九）

←

2　雪を見にピアスをつけに戻ってまで

・閑さや岩にしみ入蟬の声（松尾芭蕉『おくのほそ道』一七〇二）

←

22　岩ありて蟬ゐて芭蕉どこかに居

2は、降雪自体が珍しい台湾の風土をあらわした句である。芭蕉の句も「ころぶ所まで」と俳諧性を含むが、2ではピアスという装身具から行動の主体が男性のみならず、女性にまで拡張されている。「雪見」は台湾季語の一つであるが、珍しい降雪を見ることへの歓びが生き生きと、おかしみとともに伝わってくる句である。22は芭蕉を句中に直接登場させており、岩と蟬とくれば、必然的に芭蕉が想起されるという、芭蕉へのオマージュの句であろう。と同時に、岩と蟬と芭蕉（人間）を同列に並べるという点で、俳聖芭蕉＝権威の滑稽化も行われていると言える。「岩」「ゐて」「居」とi音を三度繰り返すという遊びの要素もある。

以上のように、「自選百句」では音調が特に重視されているとともに、内容面では生真面目一方の固さや人間中心主義を脱するような価値観が目に付く。一方で、しんみりとした情緒を詠む句もあり（「16　裸木の鉄となりゆく岨《そわ》の風」「37　島に紫蘇野生えて戦史はるかなる」「48　亡き父と居れば城址のかげろえる」「76　痩田に旱もっとも佇めり」「92　塵労の貌を写して水澄めり」「95　夜を起きて衣重《きぬ》ぬれば亡母在りぬ」など）、真面目な句から遊びの要素を含む句まで「自選百句」の孕む表現世界の振り幅は大きい。

千野帽子は現代の「俳句というゲームの競技場」の拡大を「事実上、なんでもあり」と総括しているが、⑮そうした方法の自由自在、融通無碍への志向を一人の俳人が体現してみせた広場、それが黄霊芝「自選百句」であると把握しておきたい。

単一的な傾向の把握と了解を拒絶するようなバリエーションを持つ、すなわちテクストの非統一性をあえて志向する性格を持つ「自選百句」であるが、ここに見える動かしがたい黄の俳句観、俳句の特徴は大まかに次の三点にまとめられる。

①リズム→定型句が大半を占めるが（93％）、詩を生むに必要な二物の取り合わせや独自のリズムを実現しうる場合、五七五から大きく逸脱する破調もゆるされる。

②季語→有季を基本とし（99％）、特に蟬句（19％）への愛着が顕著である。台湾季語と日本季語の両者を入れ換えて改稿を行うなど、台湾＋日本という複眼に支えられた、日本の俳人にはまず不可能な、幅広い表現

と認識方法が見られる。
③音調→同音の繰り返し、会話体の積極利用など、音調への高い意識が顕著である。自然物と人間を同等に位置づける世界観とあわさって、遊びの要素を含んだ諧謔、軽妙、柔らかな句が多い。
また、「自選百句」には、形式の類似、同一或いは反対の意の季語使用から続けて配列されていると考えられる、次のような句もある。

1　初蟬に雨、雨、雨、雨　―2　蟬閉ざす教室の窓一、二、三、四、五……
8　一丁目一番地　大鉄門に御所桜　―9　表門ブーゲンビリア裏備へイカダカズラ
28　かなかなや帰りを急ぐ日雇女　―29　ひぐらしや娶りの村の夕長き
30　花疲れ姑疲れ峠茶屋　―31　長いものおじゃるで峠気いおつけ
34　蟬幾世逢ふさ離るさの古参道　―35　御社とあれば蟬麻呂朝臣ゐて
43　父無しの泣寝入りぐせ王爺祭　―44　後干泣く子となりゆけり船を焼く
50　遠雷に明るき鏡眉を引く　―51　妻に妻戻す遠雷川遊び
55　犬を轢く春宵一刻千金子　―56　新婚の耳輪小重き花曇
64　入婿も蟬もなかなか夕暮れず　―65　難産の蟬と力みてゐて凡夫
82　『書・牧誓』山家居留守にして日長　―83　円高のまだまだつづき日の短か

さらに百句中には、亡き母（95）、亡き父（48）、姉（14）、妻（51、84）、娘（62）、婿（64）と家族が一通り登場している。百句を選び、さらにその百句全体を新たに編み直そうとした黄の方法については、「自選百句」以外の俳句への目配りともあわせて、今後も引き続き検討しなければならない。

注

（1）「「非親日家」台湾人の俳句の会を主宰・魅せられた17文字」（『朝日新聞』朝刊、二〇〇七・二・一）
（2）磯田一雄「黄霊芝俳句の展開過程―「台湾俳句」に向かうものと超えるもの」（『天理台湾学報』一七号、二〇〇八・六）
（3）黄霊芝著・下岡友加編『戦後台湾の日本語文学　黄霊芝小説選2』（溪水社、二〇一五・六）
（4）台北市の黄霊芝自宅にて聞き取りを実施。この日の聞き手は、下岡のほか、杜青春（台湾川柳会代表、台北俳句会会員）、三宅節子（台北俳句会会員）であった。
（5）注2に同じ
（6）黄霊芝「台湾の俳句―その周辺ほか」（『国文学　解釈と教材の研究』二〇〇五・九）。その他にも、「五七五という定音律のほかに、それぞれの内容によりマッチした幾つかの音律が許容されてもよかろう」（「あとがき」『台北俳句集　7集』一九七八・二）など、同様の主張が確認できる。
（7）黄霊芝「「自句自解」と「短歌」の半分」（2）」（『燕巣』一九九〇・三）
（8）黄霊芝「戦後の台湾俳句―日本語と漢語での―」（『台湾俳句歳時記』言叢社、二〇〇三・四）。その他にも「（……）俳句は詩である以上、少なくとも二つないし二つ以上の名詞が必要である。名詞は「物」または「事」であり、それが「組み合わされる」ところから詩が生まれるものだからである」（「あとがき」『台北俳句集　17集』一九八八・八）など、同様の言及がある。
（9）黄霊芝「あとがき」（『台北俳句集　13集』一九八四・七）
（10）黄霊芝「台湾歳時記と台湾季語」（『台湾俳句歳時記』言叢社、二〇〇三・四）
（11）注2に同じ

（12）一つ前の「43　父無しの泣寝入りぐせ王爺祭」も同じ季語を持ち、そこに「王爺は崇神。台湾西南沿海漁民の信仰を集める。何年かに一度船を建造し、浜辺でこれを焼き、灰を海に流す。厄を祓うためである」と『台湾俳句歳時記』の解説を端的にまとめた説明が付されている。

（13）黄は自身の経験を次のように述べている。「われわれ一群の外国人が、日本人と何ら変わりのない純粋な日本語で（時には日本人以上に純粋な日本語で）短歌や俳句をつくったりすると多くの人はまず目を瞠ってびっくりする。そして――大抵はそれでお仕舞いである。／つまり、われわれの作品は作品として取り上げられる前に、単なる『日本趣味』として片付けられてしまいがちなのである。事すでに『趣味』であるからには、とても本場物にはかなわない、という先入意識が誰の胸にもあるからであろう」（「地声」『台北俳句集　9集』一九八〇・二）。また、続けて「少なくともわれわれは九官鳥のように他人の声音を真似るよりは、地声で己の歌をうたった方が、その道の玄人には快く耳に響くことを知るべきであろう。台湾という風土の中に生息しているわれわれが、いたずらに吉野桜や盆踊りに見惚れ、刺身や蒲焼きをのみ食べたがったとしたら、折角、台湾に住んでいる意義がなくなろうというものである」という、あくまで台湾を主体とした表現の追求が主張されている。

（14）ホミ・K・バーバ著／磯前順一・ダニエル・ガリモア訳『ナラティブの権利　戸惑いの生へ向けて』（みすず書房、二〇〇九・八）

（15）千野はここでいう「ゲーム」とは「「言葉へのリスペクト」と呼ぶしかないもの」とも述べている（「二〇分で誤解できる近代俳句。文藝ガーリッシュ・俳句の楽しみを奪い取るために」（『ユリイカ　詩と批評』青土社、二〇一一・一〇）。

「自選百句」初出・既出一覧表（表中の数字は各集の巻数をあらわす）

俳句集＝『台北俳句集』1集（一九七一・一〇）～43集（二〇一五・七）

作品集＝『黄霊芝作品集』巻二（一九七一・一〇）、巻六（一九八二・五）、巻一五（二〇〇〇・一二）、巻一八

（二〇〇〇・一二）、巻二〇（二〇〇三・一二）

合同＝『候鳥・霊芝合同俳句集』（一九八四・一一）　歳時記＝『台湾俳句歳時記』（二〇〇三・四）

四〇周年＝『台北俳句会四〇周年紀念集』（二〇一〇・一二）

注：五・七・五単位での異同のある場合には※を付した。

		俳句集	作品集	合同	歳時記	四〇周年
1	初蟬に雨、雨、雨、雨		20			○
2	蟬閉ざす教室の窓一、二、三、四、五……		20※			○※
3	さ丹塗りの蟬は役者や帝雉		15		○	○
4	山さ来て蟬なん知らぬギター掻	21	20			○
5	雪を見にピアスをつけに戻ってまで	38, 41				
6	穴ん者は蟬の遺跡や日の盛り		20			○
7	仙公生信徒はカメラ提げをらず	22	15		○	○
8	一丁目一番地　大鉄門に御所桜					○
9	表門ブーゲンビリア裏備へイカダカズラ				○※	
10	薬膳の当帰はセリ科花の冷					○
11	鮟鱇に出刃一刀流を振り下ろす					○
12	霾や古都は廓の早仕舞	24	15		○	○
13	媛らゐて岬は神代かはらけ菜	26	15		○	○

14	粗塩に鯖を焼きくれ姉御なり	25	15			○
15	小焚火にいつも来てゐる亡いあなた	24	15			○
16	裸木の鉄となりゆく岨の風	25	15			○
17	姫ひぐらし鳴かせて古都の深庇	24	15，20			○
18	猫御前のそろそろ秋刀魚食ひ残す	37，38				
19	八階へ上がって行ったエレベーターがなかなか十二階から降りて来ない		6			
20	父ちゃんじゃないんだってば守宮の死					
21	盲人とすれ違った蝶にも蝶とすれ違った盲人にも一瞬があった		6			
22	岩ありて蟬ゐて芭蕉どこかに居		20			○
23	深草少将といひ蟬といひ	31	20			○
24	どの蟬も枝に命中して止まる	31	20			○
25	耳に蟬マラソン走者走らねば	31	20			○
26	飛ぶ蟬の三八式銃ほどの距離	31	20			○
27	蟬一日休暇の町の疲れたる		20			
28	かなかなや帰りを急ぐ日雇女	31	20			○
29	ひぐらしや娶りの村の夕長き	31	20			○
30	花疲れ姑疲れ峠茶屋	20	15			○
31	長いものおじゃるで峠気いおつけ				○	

32	あぶら蟬標高二千といふ森閑		20※			
33	男ゐて呼べばキツネや峠茶屋					
34	蟬幾世逢ふさ離るさの古参道	21※	15※		○※	
35	御社とあれば蟬麻呂朝臣ゐて		20			○
36	貯水タンク換へて別荘夏はじめ	13	15	○		
37	島に紫蘇野生えて戦史はるかなる		2	○		
38	タイヤルの村はもうすぐ桜蘭	23	15		○	
39	魔の谷へ男いざなふ月桃花				○	
40	水仙会大人よりは夫人の駕	28			○	
41	豪邸の門神夙に身拵へ	27			○	
42	大道公生瞽女の静かは耳一途	28			○	
43	父無しの泣寝入りぐせ王爺祭	20※	15※		○	
44	後千泣く子となりゆけり船を焼く		20※		○	
45	春聯を書く達筆の男前		15		○	
46	天公炉吊す本家の梁太し	32				
47	ガーリック洋語は臭くなかりけり					
48	亡き父と居れば城址のかげろへる	3	6	○		
49	紋黄蝶追へば修道女も乙女	6	6	○		

50	遠雷に明るき鏡眉を引く	1	2	○		
51	妻に妻戻す遠雷川遊び	3	6	○		
52	男らに村議のつづく栗の秋				○	
53	深梅雨に明日を占ふ陰陽師	5	6	○		
54	竈食する御坊溜り基隆雨	24 ※	15 ※			
55	犬を櫟く春宵一刻千金子	13	15	○		
56	新婚の耳輪小重き花曇		2 ※	○		
57	みそかごとありげな翁はぶ屋の午	25	15		○	
58	センノサイド千錠入　ままよ颱兆す					
59	へべれけの蒜臭きお説教	20	15			○
60	神豚も義民の裔も福の相					
61	ひょっとこの顔して金魚値べらぼう	38				
62	蜷せせる所帯もつとは吾娘貧し	34				○
63	赤を貼る杣の女房商家の出	37				
64	入婿も蟬もなかなか夕暮れず					
65	難産の蟬と力みてゐて凡夫	31	20			○
66	満月の潮がまさぐる岩の恥部	6	6	○		
67	糸瓜にも大器晩成鳥渡る	4	6	○		

68	普請場にブルはブルどち懐手		6			
69	年越しの老の一卓より軍歌	37				
70	ヤゴの名は知りゐて書けず村起し	38, 41				
71	同郷の鮨屋といへばいつもそこ	38, 41				
72	四月馬鹿ししゃもはオスも身籠れる					
73	爽やかやかゃあの子もこの子も巣立ちます					
74	蟬の脱ぐ闇の彼方の一舞台		20			
75	荼毘に付す稲藁人に頭を下げよ					
76	痩田に旱もっとも佇めり	3	6	○		
77	見ば拾ひ拾はば探し……浜の栗					
78	榕の根を崖に一刹夏籠り	6	6	○	○	
79	石斫るや谷彦秋の二千尺	10				
80	あきつ翔ぶ町に日曜来る度に	13	15	○		
81	阿蘭若に日々草の饒舌な		18			
82	『書・牧誓』山家居留守にして日長		6	○		
83	円高のまだまだつづき日の短か	18	15			
84	新妻にパン粉ふくらむ冬日射	17	15			
85	矢じるしも楷書なりけり孔子祭	34				

86	待たせゐるどこかの誰か炊飯花		15			
87	裏市は地鶏の修羅場年迫る	37 ※				
88	仕舞屋の端午が来れば粽売る	37 ※				
89	町なかの雨後に天ありつばくらめ		6	○		
90	里訪うて香肉旨き二度おぼこ	21	15		○	
91	煮凝は軍鶏の健脚寿の祝	38 ※				
92	塵労の貌を写して水澄めり	16	15			
93	大袈裟は重々承知羽蟻万					
94	およすげの含み笑みして蝗売って	28			○	
95	夜を起きて衣重ぬれば亡母在りぬ	9	15	○		
96	塩魚曳く網疵痛き寒旱		2	○		
97	ひそかなるものに芽、芽、喪	7 ※	6	○		
98	颱去りて林の奥の奥に人	5	6	○		
99	上つ文文箱に薺女子が目に	10	6	○		
100	寒雀寒銅像にお相伴	32				

第二部　作家との対話

第一章　二〇一一年八月二八日の記録

第一部では黄霊芝の小説・俳句に焦点をあて、その方法の具体について論じたが、第二部では黄のインタヴュー記録を三編収める。

黄霊芝は、戦前日本人の学生に理不尽な暴力を受けた経験から、「親日ではない」と明言する一方で、「私は親日本語なんです。つくづく繊細な言葉だと思う」と、日本語という言語に対する愛着を語ってきた。(1) このような彼の日本語創作の思いの一端や価値観、あるいは黄のユーモアにあふれる人柄がインタヴューという直接的な言説を通じて広く認識されれば幸いである。

本章の対話は、二〇一一年八月二八日に黄霊芝自宅（台北市）において午後三時より約二時間かけて行われた。なお、インタヴュー内で聞き手の下岡は黄に対し、「先生」との呼称を一貫して用いるが、これは下岡自身が台北俳句会の会員であり、黄から俳句指導を受ける立場にあったことによる。公表にあたっては、生前に黄の一閲を受けた。括弧内の補足や注釈はすべて下岡の判断に基づくものである。

一　台北俳句会のこと

下岡　先生、台北俳句会、これからどうなりますかね。
黄　私、最近ずっと行っていないんですけどね。
下岡　今月［二〇一一年八月］の句評のプリントに「最近ずっと行けてないが、大丈夫ですからご心配なく」と先生が書かれていたので、「ああ、みんな心配しているんだなあ」と。
黄　まあ、しょうがない。今、［『台北俳句集』の］三七集の編集が終わって、最後の校正刷りを出版社とＦＡＸでやりとりした。でもはっきりしないんですよ。しょうがないから、何日前ですかね。先週、私が印刷屋に行きました。そして校正を最後に見て。暑い日でひどい目に遭った。歩けないんですよ。もう帰ってこれないかなと思った。足がだるくてだるくて、もう全然力が入らない。だけれども片づけた。
最近もね、先日、日本から読売新聞のようですが［台北俳句会にインタヴューに来ました］。新聞記者の方です。読売は俳句にかなり関心を持っているんですよね。おそらく九州方面の新聞になっているんだろうと思いますけれどもね。
下岡　九州ですか。読売？
黄　北九州新聞かな。何とかいうの。あれに時々、読売の記事が出ているみたい。
下岡　一年前。二〇一〇年。
黄　たしかモリさんという記者の方ね。

下岡　忙しいですね、先生。次から次へと。

黄　とにかく来るというから、私はちょっと無理だろうと。「お会いしたいのはやまやまだけれども、［体がきついから勘弁してほしい」と申し上げた。そうしたら、台北俳句会の人を誰か、何人か紹介してくれと。例えばモリさんの場合は、ちゃんと句会の日に合わせて台湾に来てくれるんです。それだとまだいいんですけど、わざわざあなたのために会を開くというのは、ちょっと無理なんですよね。

下岡　そりゃ、そうですよね。

黄　だからそう申し上げて、三人ぐらいの人と連絡してみてくださいと申し上げたけどね。やっぱり時々、人が来るんでね。［台湾の詳しいことを］知らない人でしょう。ちょっと、とりつく島がないことも多いのでね。来てくださるだけでもありがたいと思えば、それには違いないですけどね。だけど、たいてい同じことでしょう。繰り返して書いてもね。

下岡　同じことを聞いている気がして申しわけない……。そうですね。聞くほうは初めてかもしれませんが、聞かれるほうは何百回、何千回と同じことの繰り返しですよね。

黄　そういうことが多いのね。

下岡　でも、ある程度のことは、先生の作品集などに書かれているので。

黄　読めばわかる。

下岡　見てから来てくれるなら別ですけどね。

黄　たいてい見ないでしょう。尋ねたほうが早いから。

下岡　でも、それでは……。

黄　案外に間違いも多いんですよ。記者の方だけではなくて一般的なことで。皆、自分の考えというのがあるでしょう。それをもとにして解釈しちゃうからね。

下岡　そうですね。結局は、書き手の主観で情報がコントロールされますね。

黄　そうね。それにね、台湾のことを全然知らない人がいきなり書くと、どこかがおかしくなるんですよ。

下岡　それは私も心して書かないと。

黄　そこの点は、ちゃんと〔下岡さんは〕台湾を知っているから。

下岡　うーん、まだまだです。

黄　もちろん知り尽くすことは誰でもできません。

下岡　まあ、そうですけど。そうですねえ。案外知られてないというか、理解されていないなと思います。大学で授業をしていても、まず歴史を正確に教えることから始めないと、学生たちも全く知らない、ほとんど無知な状態なので。かつての私もそうでした。

黄　まあ、それは時代も違うし。価値観がまず違っているでしょう。

下岡　でも先生の作品を読むと、〔学生は〕私が何回も説明するよりもすぐにわかってくれます。わかりが早い。小説などなら具体的に書かれているし、出来事が起こりますし、しかも楽しんで読むことができるので。

黄　時間がつぶれる（笑い）。

下岡　いやいや、そんな時間はかかりませんよ、先生。それに、そういうものを読んだりするのが好きな子が授業を受けていますし、しかも関心があって読んでいます。読めばすごく面白いと言ってくれるものばかりですから、変な解説をするよりも、読んで、そして考えてもらったほうがいいなと思います。

今年も一〇月から先生の小説を、また別の新しい学生と読みます。本当は俳句〔に関する講義〕をしたらいいんですが、俳句はちょっとまだ……かなり勉強が足りないので、もうちょっと経ってからにしたいなと思います。

黄　やはり何年か続けないと。

下岡　ちょっとあまりにもひどいので……。

黄　そういうことはないですよ。

下岡　確かに何年も続けて、理屈は……。

黄　理屈は知っている。

下岡　知っていても、やることは、その通りにはならないので。

黄　誰でもそうよ。

下岡　時間が経って、自分の出したものを見ると、「なんでこんなものを出したんだろう」とか、先生の評を見て、全くその通りだなとわかるんですけれども。

黄　なかなか納得できない人が多いよ。

下岡　そうですか。面白いですけどね。ただ、俳句は情報量が本当に限られている、最も短い詩なので、それが散文に慣れている人間からすると、どうも……。

黄　ちんぷんかんぷん、じゃない？（笑い）。

下岡　作者が勝手にわかっているだけで、客観性を持っていない。

黄　そうそう。それは作者のほうが悪い場合もありますよね。

下岡　私の場合、作者のほうが悪いです。勝手に自分の想像で詠んでも、それが客観的に伝わっていないので。

黄　それはみんなそうです。伝わっていないのは、読む人が理解していない出来事だとか、そういうもののほかに、表現が下手だったとか、作者の責任ということもあるでしょう。

下岡　大概それだと思います。
黄　私は、やはり新鮮な話題でないと面白くないと思うね。それを要領よく伝える、ということ。作者は、組み立ての途中で誘導をしなきゃいけないと思うんです。作者は［読者を］自分の思うつぼにはめこんでしまう誘導力がないと。誘導してくれているのに、それに誘導されてくれない人も多いんです（笑い）。
下岡　本当ですか。
黄　だから意味が通じない。
下岡　それは読者の問題ですよね。受け手の問題ですよね。
黄　そう。そうね。
下岡　共同作業ですね。
黄　そうそう。共同作業で。俳句は短いから、当然省略している。何が省略されているかということを、たいていの人は考えないんですよ。
下岡　その字面通りで、書かれていない……。
黄　そう。どういうしゃべっていないことが隠されているのか、それを理解しようとしないし理解できない。作者のほうも、言いたいことをはっきりと伝えればちゃんと通ずるじゃないか、何もわざわざ省略して言う必要はないじゃないかと考えがちなんです。だけど、省略しなきゃ俳句は成り立たない。面白くないんです。内容がないでしょう。
下岡　入らないですよね。
黄　そう。入らないですよ。
下岡　すべてを一七音で言うことはできないので。でも何らかの世界観というか、先生はよく「詩」とか「詩情」

とおっしゃいます。それがなければ文芸とは言えないので。一七音でそれを作るとなると、おそらくこうだろう、と想像し得るものを切り取って、省略して、必要な部分だけを最も有効な形で、順序で、表現で、組み立てるのだろうと思いますけれども、できない。

黄　そうよ。もちろん難しいですよ。

二　ジャンルと言語の越境について

下岡　先生は色々なジャンルの文芸を書かれていますよね。散文詩もあるし、短歌もあるし、俳句、小説、エッセイ、論文と、要するにジャンルが自由に越境されているように思うのですが、これはどういう必要性から色々な形式にチャレンジされているのでしょうか。

黄　簡単に考えて、日本の場合、例えば俳句を作る人は、ほとんど俳句以外、やらないですね。短歌は短歌しかやらない。それは、私は間違いだと思うんですよ。題材があるわけでしょう。この題材は俳句に向く。だから俳句に作る。この題材は、俳句よりも短歌にすればいい短歌ができるという場合は、当然短歌にすべきだというのが本来だと思うんです。

下岡　素材というか、詠まれる対象の美を最もよりよく表す方法をこちらが選ぶということですか。

黄　そうそう。いい方法をね。最も適当だと思う方法を。そういう点で、これは小説よりも評論の形にしたいとか、そういう使い分けだと思う。それを突き詰めていくと、私は何かに書いたと思うんですけど、例えばスペイン語に向く題材は、スペイン語で書くとかそうすべきなんだと思うんですよね。

下岡　現実的には（難しい）……。

黄　ものすごく難しいけど、理論としては当然そうあるべきだと思う。

下岡　それができないのは文芸家の恥だ、とまで書かれていましたけど[2]、現実的に考えて、ジャンルは確かに越境可能ですし、数は少なくてもそういう作家さんはいます。でも、言語を何種類も題材によって使い分けるという能力のある……。

黄　それはほとんどいない。

下岡　いないです。それは本当に。

黄　残念なこと。

下岡　え、残念なことですか。

黄　何でもかんでも同じ一つの枠にはめ込むのは、正しくないと思うんです。

下岡　それは文芸家と自負する者の敗北なのでしょうか。でも現実的にはやはり無理だろうと思うんです。

黄　無理なんですかねえ。

下岡　出来ないから、たぶんそうなったのだろうと思うんです。無理と決めてかかっているのかな。確かに日本では俳句の人は俳句、短歌の人は短歌と全く分かれてしまっていて、それが当たり前だと思われているので。

黄　分かれている。それで、俳句の有名なベテランの人が、短歌のベテランの人の名前さえ知らないことが多い。こういうのはおかしいと思う。

戦争が終わったときに、台北で文化協進会というのが作られた[3]。これは台北市政府が作ったと思うんですけどね、あの頃は、非常に文芸活動が盛んだったでしょう。二・二八［事件］のあと。あとだったか前だったか、それは忘れちゃってはっきりしませんけどね。

下岡　協進会。

黄　それは二・二八の前かな。台北に文化協進会の招待所というのがあってね、姉婿[4]が、その文芸協会の総幹事か何かをやっていたために、その招待所に私は何日か泊まったことがあるんです。当時の古亭町にあった小さなアパートみたいなの。そこで顔水龍先生という絵描きさんに出会ったんですね[5]。その人は台南にいる先生で、文化協進会の会議があるので台北へ来た。

この先生に「君は何をするつもりか」と聞かれたんです。だから「美術家になりたいのだ」と言った。そうしたら「よしなさい」と言われた。「やめなさい」と。美術家とか小説家とかになりたいという人は、誰でも一人前の、あるいは十人前の才能は持っている。あとは努力すれば誰でも十人前はできる。だけど芸の世界では、十人前では全然ゼロに等しい。どうしても十二人前でないとだめだ。残りの二人前はどこから来るか。これはいろいろなところから来るので、努力だけでは絶対に無理だ。時代性もあろうし、世の中の色々な関係で。だからあきらめたほうがいいと言われたんです。

この文化協進会のメンバーは、色々な方面を網羅しているんです。小説家も声楽家もいるし、音楽家も画家も学者もまざって、その制限はなくて、すべてが一緒に会合して色々考えているという組織だったんですよね。

ところが、その後、これはなくなってしまった。今は会合を色々やっていますけど、美術家は美術家だけの会合でしょう。小説家は小説だけ。あとの人とは顔見知りですらない。こういうのはやはりおかしいんじゃないか。すべてを理解した上で道を選ぶ。それが本当だという考えはいつも持っているんですよ。ただ、それだけの才能がないから（笑い）。

下岡　先生みたいに一人の人間でも色々な形式で作ることで、やはりひらめくものとか、「あ、これはこっちだ」

とか、何か相互作用みたいなものが起こって、いい影響を及ぼしているんですか。

黄　いい影響かどうか知りませんけど。ただね、そう考えて選ぶのが筋道だと思うんですよ。だからそういう態度で。

それともう一つは、結局、悪く言えば飽きっぽいとも言えるんです。

下岡　先生が？

黄　うん。同じ小説でも、一編一編かなり内容が違うでしょう。主題も違うし。方法も違うと思う。そういう使い分け。やはり飽きっぽいと言えばそれで済むんでしょう。飽きる。

下岡　自分自身が満足できないということですね。金太郎飴のように毎度同じものでは満足しないということですよね。

黄　そうそう。一作ごとに新しくありたいですよね。だけど新しくなってくれない、ということ。

下岡　同じ人が作るわけですから、全く違うようなことをしたとしても、どこかしら共通点は残すでしょうけど。

黄　ありますね。よくあるんですよ。例えば絵描きさんが亡くなった。生涯に一千枚ぐらい絵を描いた。ところが、その一千枚の絵を見ると、ただ「一枚だけ」と同じじゃないかということが多いんですよね。それなら一千枚も描いて何するのか。一枚で、それが手法としてあなたの最も成就した部分であったにしても、よくも飽きもしないでこんなにいっぱい描いていたんだと。それはもちろん売れるかもしれないけど、必要ないでしょう。

下岡　先生、厳しいですね。

黄　こういうことも考えますよ。例えば故宮博物院に行くと、色々な玉が並んでいますよね。その中にある漢の時代の蝉ね。漢の時代の人は蝉が非常に好きだったようで、玉に蝉を彫ったのがたくさん残っているんです。故宮博物院に一二、三匹並んでいます。どの一つを見ても実に立派ですよ。玉もいいし、彫りもいいし、色の変化も美しいし、申し分ない。しかし、みんな同じなんですよ。あれじゃ、本当は一匹でいい。そういうことが言えると思う。

そういうのと違って、私の場合は蝉が三〇匹ぐらいいますけど、色々な様式や何かがみんな違うんですよ。そういうのを集めないと博物館としては失格だと思うね。そうじゃないですか。そんなに同じものをたくさん持っているのは、あまり学術的に役に立たないですよ。こういうような、人の悪口は上手でしょ（笑い）。

下岡　いえいえ。博物館は色々な物を集めてこその博物館ですよね。確かにその趣旨から行くと、同じ物がいくつもあってもいいですけれども、ほかの物もなければ。

黄　そうそう。その歴史なりにね。

下岡　全体がわからないですからね。同じ物がいくつもあっても、それしかなかったのかということになる。そうではなくて、ほかにもあるのだったら、それもなければ全体を語ることはできないですよ。でも先生、一人の作家さんの中で、色々な……。

黄　あんまり、いないみたいね。

下岡　いないですね。やはり難しいんじゃないでしょうか。私は日本の文学者しかほとんど知りませんが、そんなに色々なジャンルを越境して、しかもどの仕事も一流だったという人は極めて少ないです。室生犀星は、詩もわりといいし、小説にもいいのがあるし、俳句もやりますね。漱石はもちろん漢詩も作っていますが、それは余技のような気がします。

黄　そうね。余技ね。

下岡　先生、漱石、嫌いでしょう。

黄　あまり好きじゃないね。

下岡　私、［先生は漱石を］嫌いなんじゃないかなと思うんです。

黄　しかしね、石田一良という東海大学の名誉教授がいたんです。(6) 日本中世思想史をもっぱら研究していた。東北大学の先生だったのが、定年のあとは東海大学に行った。この人は私を高く買ってくださっていてね。色々な場面で言うんですよ。何かに書いてあったのが、黄霊芝は、夏目漱石ほどおしゃべりとか何とか。

下岡　比喩として書かれていましたね。日本の近代文学では、漱石が位置づけとしてはまず一番だと考えられているので。そういう説明をしたほうが、おそらく日本人にはわかりやすいと思われてのことでしょう。

三　作品を書く理由

黄　この間も薬屋へ行ってね、アンモニア水というのを買おうとしたら、いまどきそんなものを使う人はいないって笑われたよ。

下岡　アンモニアを何に使われるんですか。

黄　アンモニア水は、ハチに刺されたときとか。

下岡　はいはい。昔はよく、そうやっていましたね。

黄　そう。中和するとかよく言っていた。

下岡　そうそう。よく言っていた。

黄　最近、ムカデが多いんですよ。このムカデ捕りを職業にしている人もいるのよ。

下岡　そうですか。
黄　あれをつぶしてね、おできの薬とか、ああいうのに混ぜて貼ると、腫れ物なんかに非常に効果がいいと。
下岡　ムカデが薬になるんですか。
黄　そうそう。膏薬があってね。
下岡　へえ。知らなかったです。
黄　毒が毒を消すという。あれを捕まえるのは結構、実入りがいいそうですよ。ちゃんと棲んでいるツボを知っている。山のどこいらにムカデの巣があるということを。一つの巣から何十匹も捕れるらしい。
下岡　なるほど。家に出てくる一匹二匹を捕るのではなくて。
黄　そう。職業としてね。ハチもそうですよ。スズメバチの巣、ああいうのも薬になるんです。ハチは痛風に効くというんだね。
下岡　ハチが？
黄　ハチの毒が。ハチに痛いところを刺してもらうのもいいんだそうです。それから酒に漬けることが多い。
下岡　マムシはよく酒瓶に入って並べられて、あれがいいんだというのはよく見ますけれども、ハチもですか。でも化学物質が入っていないから、それで効くなら本当はそのほうがいいですよね。
黄　ちょっと飲めないですよ、あのヘビを酒に漬けたものとかね、ああいうのは飲む気がしないでしょう。
下岡　でも、飲んでいる人、います。私はヘビが苦手なのですが。
黄　私、色々なことを考えたり実験したりするんですけどね、だけど案外に臆病なんですよ。例えば私が考えるには、我々が果物を食べますでしょう。その果物には皮があって、肉があって、種がある。我々は肉の部分を食べて、おいしいおいしいと言っている。それにはそれなりの栄養があるんだということで奨励されている。だけど植物自体から言えば、彼にとって大切なのは肉ではなくて種の部分だ。だから種が一番栄養価も高くあるべきだ。ところが種は堅くて食べられない。粉にするのは大変だから、私は酒に漬けたらいいだろうと思う。それで抽出する。例えばパパイヤとかバンザクロとか、色々堅いものがありますよ。みんな、かなり栄養価が高いと思うんです。だから私は何瓶も作っています。だけれども飲む気がしない。ちょっとやはり怖いんですね。万一、毒があったら……。

下岡　害はないと思います。でも、おいしくないんじゃないかという気がします。

黄　作るものの中で、ザクロはおいしいですよ。私は毎年作っている。あれはおいしい。

下岡　種だけですよね。

黄　いや、それは肉も一緒に全部入れている。ビワはね、ビワの薬効を日本で研究している人がいますでしょう。漢方医のような形で。例えばビワの葉っぱを湿布したり何かすると痛みがとれるとか色々ある。のどの薬にも使われています。だけれども、そのビワの種には毒があると言われているんですよ。そして確かに毒はある。だけど食べても中毒しないというんです。がんにかかった人は、ビワの種を一日一つずつ生で食べた結果、ケロッと治ったという例があるという。だから私はビワも漬けているんですけどね、飲んでみるのはちょっと怖いんです。そういう点では臆病なので、漬けるだけは漬けて何年もほったらかし（笑い）。

下岡　何年も、ですか。でも、ねえ。それは自然なことですよ。

黄　理論的には、果物の肉の部分よりは種が、栄養価が高いと思う。

下岡　果肉を人間に食べさせて、種を運んでくれということですからね。ここがおいしくないと運んでもらえないから。種もおいしかったら元も子も……あ、でも消化されなければ一緒か。

黄　例えばね、これは面白いのよ。ハブとか、ヘビの毒ね。あれは噛まれると中毒しますけど、飲んでも死ぬことはないんです。中毒しない。

下岡　あれは血液の。

黄　そう。血液に入らないと作用がない。だから胃に傷がある場合はだめなの。でも傷があるかないかわからないでしょう。

下岡　ちょっと危険ですね。

黄　そういうことがあるから、ビワの種の酒を飲んでも中毒しないだろうとは思うんだけどね。

下岡　［先生が］いろんなことをされるんだなというのは、小説を読んでいたら、わかりますね。「豚」を読んだときに、クロレラを培養したり、いろいろな木を植えてみたり、栗の木を日本から取り寄せたり、これはもう絶対に実際されたんだな、すごいなと。

黄　あの頃は元気だったからね。病気でへなへなしていますけど、芯だけは強かったんですよ。

下岡　今「豚」の次に、「輿論」を論じようと思って。でも先生、見つからないですよ。「輿論」のもとの事件が。一九五〇年か五一年頃ですよね。そもそも、その時代の新聞自体が国家図書館に残っているのが少ないです。政治とか経済についての記事はありますけれども、殺人事件とかそういう三面記事が載っている新聞自体がすごく限られているので、見つけようと思って頑張ったんですけれども見つけられないままです。五〇％ぐらいが実際にあったことで、あとは自分で創作だよと先生に教えていただいたんですけど。あの時代の新聞記事は処分されているんですか(7)。

黄　どうでしょうかね。みんな、捨てちゃうんじゃないですか。

下岡　外国の雑誌とかも、数年間だけ館内にとどめておく。そのあとはたぶん処分されるんでしょうけれども。あの時代を調べるのは難しい。

黄　扱う人もいなかったでしょうしね。そういうことを記事にすると危険な場合がある。

下岡　そうですね。国家として、政府として都合が悪いものは残しておかなかったでしょうし。そういう意味では、あの小説がすごく貴重ですね。資料として残っている。あれ［「輿論」］は、発表できるかどうかわからないまま書いていたということですか。

黄　そうよ。

下岡　作品集に載せて出すのは、もっとだいぶ後ですから。(8)

黄　そのうちに誰かが読んでくれるだろうとは思ってましたよ。死んだ後でもいいから。

下岡　先生、そこがみんながわかりづらいところだと思うんです。もちろん百年後、二百年後の読者に向けて［書いても］、普遍的なものであればあるほど、後にも残ります。でも普通の作家さんは、今いる人だとか、今の自分の身の回りの人とか、あるいは同時代の特定の誰かに向けてメッセージを発するという思いもあると思うんですけれども。

黄　いや、私の場合、こういうことだろうと思うんですよ。ものを書くというのは考えることだと思う。書いているときは、たいてい考えながら書いています。考えることによって自分なりに何かを解決できる。そのために書いているんだ。ならば、読んでくれる人がいなくてもいいじゃないか。解決がつけば、それで一応、よろしいという、そういう気持ちもあると思うんです。そればっかりというわけではないでしょうけどね。

下岡　究極の自己表現ですよね。自己実現というか。その手段として、書くことがあるということですか。

黄　考えていることを書く。それによって考えがまとまる。そうすれば疑問が解けていく。それで一件落着ということ。

下岡　論文でしたら確かにそういう側面もありますけれども、小説とか俳句とかで、疑問が解けるというものになりますか。

黄　やっぱり出来事について、色々なことが。何と言ったら……。

下岡　自分の感情とか、それに一つの形がつくということですか。

黄　解決がつく。考えた結果がこうなったと。それで一応解決はつくでしょう。ただ、後でそれを本にしたり何かしているわけだから、その時点では、今度は読んでもらいたいという欲望があると思うんですよ。

下岡　その時点では。

黄　書いている時点では、別に読んでくれなくてもいいと。

下岡　それは第一義ではないということですね。

黄　うん。

下岡　例えば失恋したときに、なんで失恋したんだろうとか、満たされない思いとかを、何かそういう文芸に託すことで解決されるということですか。違いますか。そんな単純じゃない……？

黄　……どうですかね。きちっと計画を立ててやっている仕事でもないわけですよね。だから、ある程度は成り行き任せに書き続けてきたという面もあるでしょうね。

下岡　欲求が生まれるというか。

黄　後ではね。欲求があって書くのではなくて、ですよね。わからないから、書いて、けりをつけてみようという気持ちだろうと思います。

下岡　先生が書かれていたことの中に、「芸術家は美のハンターである」と断言されていて、「美が第一義である」と書かれています(9)。美というものは、善にもあるし、悪にもあると。私が先ほど〔黄先生は〕漱石が嫌いだろうと思ったのは、そのせいなんです。夏目漱石は、「文芸をやる者は美だけにこだわっていてはだめだ。

それとはまた別のものを追究しなければならない」と。[10] つまり彼の言うのには、人格だとか道徳ということが入ってくるのでしょうが、先生のおっしゃっていることは、そういう立場とは全然違う。悪にも美があるというのは、むしろ谷崎潤一郎とかのほうに近いのではないかとすごく感じています。

黄　一種、美の定義は難しいですよね。だいたいが抽象の世界だからね。

下岡　俳句の場合は最大公約数を探さなければならないと先生は書かれていますけれども、美の基準とか価値観は、各人それぞれ……。

黄　それでないと通じないから。しかし、年をとると、もう根気がなくなってしまう。何でも億劫でね、つい「ああ、よそう」「明日やろう」とかね。

下岡　たぶん、体力がとても必要な。

黄　必要ですね。

下岡　頭で考えるとはいっても、体力仕事ですね。

黄　体力がないと、だめですよね。それから熱狂するということも大切だと思う。でないと……。

たとえば私の父は熱狂家でした。[11] 私の幼時、生家には便所というものがなかった。廊下の隅に植木鉢が置かれ、中にバケツが入れられていました。日々、一家のこの黄金の糞を女中さんが捨てに行きました。その実、父は貧者ではなかったようで、家で一頭の馬を飼い、ゴルフを遊び、カメラを遊びました。年々日本の宮内省からは御苑への花見の招待状を頂いていた。そして後年、私は父の書庫の中から英国人技師によったというこの家の設計図を得ましたが、それにはちゃんと便所が存在した。何のことはない。父はカメラ遊びのために便所を改造し、暗室にしてしまったのです。

このような熱狂ぶりが、私にも伝わっているらしいのです。

本インタヴューのなかでは、扱う題材によってジャンルや言語という方法は使い分けられるべきだという黄霊芝の理想の在り方が改めて確認された。小説家は小説だけ、歌人は短歌だけ、俳人は俳句だけといった、今日の日本では当然視されているような棲み分けに対し、黄霊芝は疑義を提出する。芸術に携わる者は「すべてを理解した上で道を選ぶ。それが本当だ」という黄の言葉には力がこもっていた。また、小説という同じジャンルであっても、一編一編の内容がかなり異なる所以を自分が「飽きっぽい」からでもあると説明するところに、黄の茶目っ気とともに、同じものを量産しても意味はないと考える価値観が端的に示された。

日本語使用が禁止され、中国語が公用語となった戦後の台湾において日本語の作品を書くという行為は、「白いキャンパスに白い絵の具で絵を描くようなもの[12]」に他ならないが、自分の作品の読者をどのように想定しているのかということについては、「書いている時点では、別に読んでくれなくてもいい」といった意識であることが明言された。「ものを書くというのは考えること」「考えることによって自分なりに何かを解決できる」「わからないから、書いて、けりをつけてみようという気持ち」とあくまでも自分の得心を第一の目的に創作を行ってきたという。この心情は一般的には決して分かりやすいものとは言えないかもしれないが[13]、戦後の台湾で日本語を創作言語としてあえて選ぶという彼の行為自体が、功利的な在り方から遠く離れていることは確かである。

また、父の場合を例にあげて熱中してしまう血筋だとする黄の説明を聞いていると、黄にとって書くことは、意図的なものというより自然の営み（必然）であったとインタヴューの時点で彼自身に把握されていることが分かる。

　また、黄は『台湾俳句歳時記』（言叢社、二〇〇三・四）において、横光利一、内田百閒、谷崎潤一郎、石川啄木、佐藤春夫、泉鏡花、久保田万太郎などに言及するなど、日本の近代作家の作品を一通り読んでいると考えられるが、夏目漱石は「あまり好きじゃない」という。その理由については聴き手の問い方が拙かったこともあり、十分に追究することができなかった。なお、別日に行ったインタヴューや手紙、FAXでのやりとりの中で、影響を受けた作家や好きな作品について何度か尋ねる機会があったが、結局、明快な回答は一度も得られずに終わった。作家であれば当然であろうが、誰かや何かの影響下にあるというかたちで安易に把握され、論じられることを厭う意識があるものと了解される。それは日本語を使用することが、日本人作家の影響下にあると短絡的に結びつけられてしまいがちであることへの忌避かもしれない。紙面の都合により、ここに収録することのできなかった話題として、宇宙（人）への関心や科学技術の発達が人間を改造したことなどがあがった。

注

（1）「「非親日家」台湾人の俳句の会を主宰・魅せられた17文字」（『朝日新聞』朝刊、二〇〇七・二・一）

（2）黄霊芝「序にかえて」（『黄霊芝作品集　巻三』一九七二・五）には次のように書かれている。「日本文で表現し易い主題を日本文で取り扱い、スペイン文に適する主題をスペイン文で書く。こう云う使い分けが出来れば文芸はもっと完璧になる性質のものである。私達がそれをなし得ないでいるのはその能力を持っていないからであり、それは考えようによっては文芸家の恥でもある。」

（3）台湾文化協進会は、一九四五年一一月設立。一九四六年六月一六日に成立大会が行われている。この台湾文化協会の機関誌として『台湾文化』（一九四六・九創刊）がある。一九五〇年一二月まで計二六号刊行。一九四七年の二・二八事件で大きな打撃を受けるが、その後も講習会や展覧会は実施されていた。

（4）陳紹馨（一九〇六―一九六六）のこと。台湾大学歴史学科教授。台湾協進会研究組主任。

（5）顔水龍（一九〇三―一九九七）。台湾工芸産業の基盤を作った画家、工芸家。

（6）石田一良（一九一三―二〇〇六）。石田は「日本文化の国際性」（『文芸研究』第一〇一集、一九八二・九）において、「台北市の郊外の陽明山に黄霊芝という文化人が住んでいる。日本に来たことのない人だが、日本語を上手に喋り、日本文を達者に書く。日本文の随筆や短編小説は夏目漱石よりも口達者で爽快である」「英語もフランス語も出来る。一流の小説家であり彫刻家であって、まさに第一流の万能人《ディレッタント》で、陽明山の山荘で悠々自適のくらしをしている」と述べている。

（7）黄英哲は戦後初期の台湾において「知識人はわが身を守るため、自ら「焚書」を行い、政府側も問題があると認めるや書籍、新聞、雑誌を没収し焼却した。このため、当時出版されたものは散逸したり、零本になったりしたものが多く、調査や収集が非常に難しいのである」ことを述べている（『台湾文化再構築　1945～1947の光と影　魯迅思想受容の行方』創土社、一九九九・九）。

（8）『黄霊芝作品集　巻九』（一九八三・一二）所収。

（9）「芸術家は「美」のハンターである。それ以外のことは彼とかかわりがない」（「あとがき」『黄霊芝作品集　巻九』一九八三・一二）、「芸術の目的とは美の追求以外にないと思われる」（「戦後の台湾俳句―日本語と漢語での―」『台湾俳句歳時記』言叢社、二〇〇三・四）といった言がある。

（10）たとえば、明治三九年一〇月二六日付夏目漱石鈴木三重吉宛書簡には「苟も文学を以て生命とするものならば単に美といふ丈では満足出来ない」とある（引用は『漱石全集　第二二巻』岩波書店、一九九六・三に拠る）。

（11）黄霊芝の父は黄欣（一八八五―一九四六）。明治大学卒業。日本統治時代は台湾総督府評議会員をつとめるなど、台湾を代表する知名の人物。台湾新民報社編『改訂台湾人士鑑』（一九三七・九）の「黄欣（南鳴）」の項目には「台湾総督府評議会員」を筆頭に「台南州教育委員」「台南市教育委員」「台南市政調査委員」「台南大圳議員」「台湾水産会議員」「台湾農会議員」「台湾製塩会社監査役」など、計二一の肩書きが記されている（引用は『台湾人名辞典』日本図書センター、一九八九・五に拠る）。

（12）黄霊芝の作品を掲載した『岡山日報』代表取締役主宰・原敏に宛てた書信の中で黄が記した言葉。引用は、岡崎郁子『黄霊芝物語―ある日文台湾作家の軌跡』（研文出版、二〇〇四・二）に拠る。

(13) 黄の言は、たとえば、ナディン・ゴーディマの次のような言と通じるか。
むずかしい状況になればなるほど、厳しくなればなるほど、嵐が吹けば吹くほど、書くことによって救われたのです。いつもそうでした。人生においていろいろな時期があったわけで、思春期、恋愛、そして失恋、落ちこみ、離婚、再婚、ほとんどのことを私は経験しましたが、一つだけ変わらないで続いたのは、書きたいという衝動です。自分の意思で書くことをやめるというのは、私にとって考えられないことです。それは歌手の声をもった人が歌うことを禁じられるのと同じことでしょう。私の場合は、問題を解決できるかどうかは別としても、人生をより深く理解するためには書くことが不可欠です。（……）書くということは、世界とかかわり合う私なりの方法なのです。（ナディン・ゴーディマ著／高野フミ監訳『ナディン・ゴーディマは語る　アフリカは誰のものか』岩波書店、一九九三・六）

第二章　二〇一二年五月二〇日の記録

本章での対話は、二〇一二年五月二〇日、黄霊芝自宅（台北市）において、午後三時から約二時間かけて行われた。公表にあたっては、生前に黄の一閲を受けた。括弧内の補足や注釈はすべて下岡の判断に基づくものである。

一　小学校時代の記憶

黄　さて、何かを尋ねるという話だったけど。子どものとき？

下岡　そうです。これから何回かインタヴューをさせてもらう機会があるので、まず若い時のお話から聞いていって、少しずつだんだん後ろに行ったほうが思い出しやすいかなと思ったのですが。

黄　いいでしょう。ただ、少年時代ってみんな似たりよったりです。そうじゃないですか。

下岡　特に面白いことはないですか。

黄　私ね、今、顧みて、ほかの少年たちとかなり違った育ち方をしてきたと思います。一つは家が広かった(1)。四千坪もあって、そのうち人手の行き渡っているのが二千坪ぐらいなもんですよ。あと後ろの半分は、もうジャングルみたいに生え放題です。動物あるいは魚類とか昆虫とか、何かいっぱいごちゃごちゃ生息しているでしょう。そういうところで私は全然飽きることがないんですよ。そこは本当に私一人の庭みたいでね。ほかの人は誰も行かないでしょう。私一人で。

私ね、根はかなり勉強家なんです。だから興味を持つことが多い。結構いろいろ調べるしね。そんなこともあって、結局ほかの少年たちに比べてかなり多くのものを知っていると思います。こっちは末っ子だから兄や姉がいるでしょう[2]。そういう人たちは年は多いし、それぞれに『婦人倶楽部』[3]であるとか、いろいろな雑誌をとっているわけよ。そういうのを読むこともできるし、隣に叔父の一家がいてね。その従兄[4]がまた文学青年で、小説が非常にたくさんあったんですよ。それを借りて読んだりもする。そういったこともあって、それがプラスしたかどうか知りませんが、興味が幅広かったということね。それに父が本屋[5]を開いていたでしょう。そういうところへ行って本を買うこともできたし、いろいろ都合がよかったんだ。

だけど当時、一〇代の頃に読んだ小説といったら、ほとんどが恋愛小説。

下岡　誰の恋愛小説ですか。

黄　当時いろいろあったでしょう。久米正雄とか菊池寛とかね。

下岡　ええ。『真珠夫人』[6]とか？　あんなのを先生が読んでいたんですか。

黄　そうよ。

下岡　意外です。

黄　『破船』[7]というのがありました。久米正雄かな。ああいう本を従兄から借りて読んで。当時の考えでは、恋愛が成功してもしょうがないんですよ。失恋しないと深刻じゃないです。そうしないと価値がないので、結局、失恋主義なんですよね。少年って、みんなそうでしょう。悲しくもないのに悲しそうな顔をしたり

（笑い）。だけど、何かを読むとやはり何か考えさせられる。そういうことでプラスにしていると思うけどね。あとは他の少年とみんな同じですよ。

下岡　将来、自分が小説を書くことになるとか、俳句をこんなに長く詠むと思っていましたか。早い時期から文芸家になろうと何となく思っていましたか。

黄　学校で、作文が上手だということを褒められていたからね。

下岡　先生にも褒められていたのですか。

黄　もっとも本当は「台湾人にしては」という言葉がくっついているのだろうと思いますがね。

下岡　褒めて下さった先生を覚えていますか。

黄　覚えている人もいますよ。それから先生も間違いを起こしたりする。それを捕まえるのが面白くてね。表立って言うわけにはいかない。だけど「ああ、先生も間違えを起こすんだなあ」と思って、そういう、自分が発見したことを書いておいてもいいなあ、という欲望はいろいろありましたよ。

下岡　小学校の頃から、ということですよね。

黄　殊に、台湾に来て小学校で教えていた日本の先生は、地方が限られているんです。一番多かったのは沖縄、それから九州。岡山あたりも多かったのではないかなと思う。[8] そういう地方で、呼ぶ名称がそれぞれ違う場合がある。間違って呼んでいる場合もある。だから、間違ったことを覚えさせられていることもいろいろ多いんです。

下岡　子どもながらに「でも、それは間違っているな」と思っていたんですね。

黄　調べたら、辞典にいろいろな名称が出てきますでしょう。どこにも書いていない。例えばアブラゼミ。アブラゼミは台湾にもいるんです。タイワンアブラゼミ。だけど、これはかなり高い山へ行かないといないので、台湾の平地の人は知らないことが多い。知識として持っているのは日本のアブラゼミ。それがどう違うかは区別がつかない。区別がつかないまま子どもたちに教えている。そういうケースがある。クサゼミもそうですよ。クサゼミは、セミの中で一番小さい。二センチを超すことはない。

下岡　そんなに小さいんですか。

黄　もう一つ、日本の言葉でハゴロモゼミという名前になっているのは、小さくて草色をしたセミなんです。クサゼミじゃない。正しくはハゴロモゼミ。だけど草の色をしているから「これはクサゼミだ」と教えている。だから、私なんかが子どもの頃は、ずっとクサゼミと呼んでいた。ハゴロモゼミが正式な名前だとわかったのは、ずっとあとのことです。こういう間違いが実に多いんです。まあ、それはしょうがないんだけども。

下岡　「センセイ」というものも、信用できませんね。

黄　そうよ。だけど、それこそは生きた学問である、ということも言えるから。

下岡　少年時代はそれほどお家が大きくて、敷地が広くて、後ろには自分一人の庭のようなものがあったとか、本を読むにも全く不自由しない環境だった。それ以外は特に。

黄　特にはないでしょう。

下岡　普通の大人しい少年でしたか。

黄　（笑い）あんまり学校の友達と遊ぶことはなかった。

下岡　日本人ばかりだから？

黄　そういう意味じゃなくてね。遊ぶ習慣がなかったと思う。

下岡　一人遊びをするという感じですか？
黄　そう。放課後、学校が終わればこっちはこっちで一人のもので、学校が終わってから子どもたちと遊ぶことはなかったんだね。
一度、私が不思議に思ったのは、放課後に学校の友達二、三人が家へ来たんです。私はその人たちに「何しに来たのか」と聞いた。そうしたら「遊びに来てやったのに、遊びに来たらいけないのか？」と。「ああ、そうかなあ」と思った。帰ってきたら学校と関係ないんです。社会が違っていたからね。日本語で生活する社会は学校だけにとどめる。あとは、こっちはこっちで台湾人の生活でしょう。
下岡　普段は台湾語ですか。
黄　台湾語です。だから関わることもあまりないんですよね。だからちょっと変に思われていたかもしれない。
下岡　大きな家に住んでいるし。遊びに来たかったんでしょう。それは日本人ですよね。
黄　うん。
下岡　なるほど。学校から帰ったら一人で自由に。
黄　また、そういうことをしていたら、それ以外に時間が足りないでしょう。子どもの頃、私は日曜日は朝早く起きるんですよ。日曜日は自分の時間だから早く起きないと。
下岡　損だ。
黄　損ね。寝坊することはない。逆に日曜日こそ早く起きて、やりたいことをやる。
下岡　そんなにやりたいことがいっぱいあったんですか。
黄　いっぱいあったんですよ。いろいろとつまらないことを。竹とんぼを作るのとか、竹で笛を作るとか。それから黒い竹なんかを植えているでしょう。あれをどこそこへ移植してやろうとかね、いろいろな仕事があるんですよ（笑い）。

二　交通事故のこと

下岡　そうこうするうちに中学校に入って、だんだん戦争が激しくなってきます。台南のお家にいたら危険だし、疎開されるんですよね。

黄　あれは台南市が爆撃を受けたあとに疎開した。(9)ほかの学生たちは学徒兵として召集されたらしいんです。私はそれを全然知らない。というのは、もともと病弱で病気ばかりして、奉仕作業なんかでも私は行かないことが多いんです。先生が呼ばない。私が行っても先生が「君は休め」と言ってくれるしね。「君は体が弱いから、みんなの荷物の番をせい」とか、そんな扱いをしてくれて、特に呼び立てなかったんだろうと思う。みんなは学徒兵としてどこそこへ行ったということを私は全然知らない。

下岡　そのうち日本が負けて戦争が終わりますね。そのときはどんな心境でしたか。やっぱり嬉しかったですか。

黄　嬉しいとも別に思わなかったけどね。ただ、母などは戦争が終わったところで非常に喜んでいました。私は別に嬉しくもなければ悲しくもなかった。

下岡　終わったのか、と。

黄　別に不安もなかったね。これからどうなるんだろうと、そんなことまでは考えなかった。当時の私には、そういった社会訓練はできていないんですよ。

下岡　でも、お母さんは病気ですよね。

黄　うん。

下岡　戦争が終わったから、大陸に行かれていたお父さんも帰ってこられるかな、と。

黄　だけど世間では、私の父は上海で憲兵に連れ去られたという情報が出回っていたんです。それは母も聞いていて、心配していただろうと思います。

私ね、子どもの頃、占い師に見てもらったことがあるんですよ。そうしたらね、私は事故で死ぬと言われた。そういう運命だと。だから旅行したらいけない。船に乗るのが一番いけないと言われた。必ず船は沈没する。飛行機とかそんなのはみんないけない。汽車も避けたほうがいいと言われたんですよね。それをちょっと覚えている原因は、実際になるほどなと思うことがある。

裏庭に大きな池があるんです。あれは昔、清代の台南府が城壁を作ったときに掘った土のくぼみです。台南は、夏は雨季ですから、ひと夏で水がいっぱいになっちゃう。それが深くて四メートルぐらいあるんです。冬になるともうカラカラに乾いて植物の楽園になるわけですけどね。

下岡　その池に船を浮かべたんですか。

黄　そう。私の家は清朝時代の古い家です。入り口の戸が厚い板でできているでしょう。あれを時々、従弟(10)と一緒に外して担いでいって、池に浮かべて漕いで遊ぶことがあったんです。あるときね、同じように従弟と遊んでいたら、三つか四つ上の従姉(11)が来て、自分にも乗せよと言うんですよ。「乗せてくれ」と。「ああ、いいよ」ということで、それに飛び乗った途端にガタガタになって沈没しちゃったんです。

私は泳げないから、もうブクブク水を飲みました。従姉は犬かきのようにして泳げる。そういうのが見えた。従弟もすばしこくて、彼は岸のほうへ、陸地へ跳んで渡ったんです。だから助かった。私は、もう少しで溺れるなというときに足が底についた。それでやっと助かった。そういうことがあってから、これは危ないぞと思うようになりました。

その後、オートバイに三回はねられているんですよ。

下岡　えっ、三回も？

黄　そう。三回とも死ななかった。

下岡　それは先生、そうでしょう。今、生きていらっしゃるのですから。

黄　ただ、三回目のときはひどくて、腎臓が破れてね。

下岡　それはいつ頃の話ですか。十年ぐらい前ですか。もっと前？

黄　でしょうね。一〇数年前か。

一番最初にオートバイにはねられたのはね、上の姉[12]は病気なんですけど、家を借りて一人で住んでいるんですよ。時々私が見に行ってあげる。その日も姉のところへ行って、その帰りに台湾大学の前の通りを歩いていた。そうしたら、後ろからオートバイにはねられたんです。それで人間が飛び上がってドンと落ちた。はねたのは一人の少年です。オートバイの修繕屋の子どもらしいんです。真っ青になってぶるぶる震えている。それで、みんな寄って見物している。みっともないんでね、私は少年に「別に何もないから安心して」と言って帰してやった。別に痛くなかったんですよ。

下岡　ええっ。そんなことはないでしょう。

黄　それで、陽明山［の自宅］へ帰ろうと思ってしばらく歩いていたら、歩けなくなってきた。足が動かない。それでびっくりしてね、家の近くに二番目の姉が住んでいたから、そこに電話をかけた。そうしたら姉が驚いて飛んできて病院へ連れていってくれた。そのときに尾てい骨を打ったんですけど、別に割れていないから大丈夫だと言われて、まあ助かった。

下岡　二回目のときは、あとで姉が入院したときに、おしめを持っていってやったんですよ。

黄　それも一番上のお姉さんですか。

下岡　上の姉。その帰りに、路地から出てきたオートバイにはねられた。それで、前にあった自動車にぶつかったんですよね。ところが私をはねた男の人ね、けしからんことに「大丈夫、大丈夫。怪我していない」と言って、オートバイで逃げちゃった。

黄　ええーっ。ひき逃げじゃないですか。

下岡　ひどいぶつかりようではなかったから、別によかったんですけどね。

三番目のときは、私がバスから降りたときに後ろからオートバイが来て、体をぶつけていったんです。それではね飛ばされて、歩道にドンと落ちて、こっちは動けないの。幸い警察が通りがかって仁愛病院へ連れていってくれた。検査の結果、腎臓から出血がある。それから肺の一部が傷を負っているということで、腎臓のほうは案外簡単に治ったんですよ。ところが肺の、下の肋骨二、三本あたりはなかなか治らない。だいぶ苦労しました。息切れがひどくてね。あれは苦しかったね。

黄　三回もはねられるって、いくら台湾だからといっても、多すぎませんか。

下岡　気をつけているはずなのに、私、少しせっかちなところがあるんでね、ちょっと道を急いだりなんかすると、危ないんですよ。

三　戦後の生活

下岡　戦後、終戦になったあとに、まずお母さんが亡くなられますよね。(13)
黄　うん。
下岡　今度はお父様が亡くなられますよね。(14)
黄　うん。
下岡　さらに、自分が肺の病気だとわかりますよね。(15)
黄　うん。
下岡　まだ若いし、とてもショックだったんじゃないですか。
黄　なかなか大変よ。それよりもね、それよりも友達に金を貸して、それを踏み倒されたというのでなくて「払えなくなったから勘弁してくれ」ということで。だから非常に貧乏だったですよ。
下岡　先生が?
黄　そう。ここ［陽明山］へ引っ越してきたときも、もう住むところがないし。
下岡　では、大金を貸したということですね。
黄　そう。それが大変な経緯があってね。私の兄が借りたことになってしまったんですよ。本当は兄の手を経て友達に貸した。それが返せなくなったから待ってくれということで、悪意があるわけではないけど、返せないのは事実らしい。それが今度はいつの間にか兄が借りたことになっているんです。兄が、私たちきょうだいみんなから借りた金で、その友達の店に――店って山なんです。炭鉱業に投資したことになってしまっている。

下岡　実際は、その友達に貸しただけなのに、お兄さんが炭鉱業に投資をしたことになっているんですか。

黄　そうそう。そうなんですよ。その後、兄は都合よく脈を掘り当てて、その炭鉱は返り咲いたわけです。だから兄の投資の分は兄に渡して、兄のほうはいいんです。かなり収益をもらっている。貸したほうは、そうは行かないでしょう。

下岡　先生が貸したのは、一銭も返ってこなかったのですか。

黄　返ってこなかったのではなくて、返ってきたんです。兄はちゃんと払ってくれました。数字の上ではね。だけど価値が違うでしょう。

下岡　なるほど。貸したときと全然違う。戦後直後、数年でものすごくインフレになりましたよね。[16]あのときの話ですか。

黄　そうそう。それで私は病気がひどいでしょう。一〇何年も治療して、最後に医者に「もう助からん。あとは肺の手術をしなさい。それしか道はない」と匙を投げられた。当時、台北市の松山に病院が一軒あった。それはアメリカ軍のものらしい。そこの外科医はアメリカ人で、台湾ではこの人だけが肺の手術をやっていた。ただ、成功している率は五〇％だと言うんです。だから私の友達はみんな「台湾で手術してはいけない。日本へ行きなさい」ということで京都大学の青柳外科に入院する予定だった。というのは、中学校の先輩に劉楓橋という人がいて、京都大学の青柳外科で勉強して学位をもらっている。彼は自分の恩師を紹介して、その青柳［安誠］先生にじかに手術してもらうという約束をしてくれて、手続きまでやってくれたのです。ところが出国手続の許可がとれない。当時、人民は自由に出られないんです。許可が得られない。もともと、その費用を作るために住んでいた台北にある家を売ってしまった。それで出国ができない。どうするかということで、家を売ってしまったし、しょうがないから山へ引っ越そうということで、ここへ来た。当時は非常に安かったから引っ越してきたんです。

下岡　ここが安かったから？

黄　そう。当時たしか一坪四〇元だったと思う。あとで永公路ができたために土地の値段が上がったので一部処分した。そこから何とか生活が安定してきました。他に家を買って、その家を人に貸して、その家賃で何とか賄ってきたということなんですよ。

下岡　永公路、家の前の大きな道は、あとからできたんですね[17]。

黄　そう。あの道路に私は一〇〇坪ほどの土地と石材、土壌を無償提供しているんです。

下岡　それまでは、車道がなかったんですね。では、どこからどういうふうに町に出ていくんですか。あの山道みたいな細い道を？

黄　山道です。大通りから急な坂で、石を積んである。昔はそれをいったん下まで下りて、また上まで上がるというところです。昔のほうがよかったような気がするんだけど。

下岡　環境がですか？

黄　ええ。環境とか。

下岡　私は全然違ったふうに認識していました。小説の「豚[18]」に書いてあるのは少し違います。

黄　あれは、半分以上は本当の出来事ですよ。

下岡　半分はフィクションですね。

黄　そう。

下岡　道があって、すぐ町に出られるからこの土地を買ったというふうに、小説の中では。
黄　なっていました?
下岡　はい。
黄　そうですか。
下岡　では、最初は本当に山の中を買ったという感じですね。
黄　そう。街灯もなければ、もちろん水道もないです。山水を引き入れて、それを濾過して使う。当時、百姓さんたちは、水の流れているのはごみを捨てる場所だと思っているんですよ。ごみを全部水に入れて流しちゃう。そういう風習で、洗濯もすれば米も研ぐ。だから、こっちはみんなが寝静まった夜の一〇時過ぎぐらいから、山道を通って水のところまで行って、私が水槽に引き入れてくるんです。それがいっぱいになるのを待ってから、また行って水を止めてくる。明くる日は、モーターでこの水を貯水池まで持っていって、濾過して使う。そういうことをやる。その間、水がいっぱいになるのを待たないと、何時間もかかるわけでしょう。だから結局その間は、なんかかんか夜中に書いていましたよ。
下岡　ものすごく不便ですよね。
黄　不便。それで毒蛇が多いしね。後ろがずっとお墓でしょう。気持ちの悪いところだったけど、慣れればね。
下岡　それは、結婚されてお子様もいらっしゃるときですよね。
黄　そう。病気といっても、多少いい場合と、そうでない場合があるんです。時期がね。
下岡　落ち着いていた頃に。
黄　落ち着いていた頃に結婚して(19)。

下岡　結婚して、子どももできて。

黄　診ていた医者が「結婚したらどうか」と勧めてくれた。「君のように毎日体温ばかり計っているのでは、病気は治らん」と言うんですよ。「結婚したら、案外簡単に治るかもしれないんだから」と。その関係もあったわけじゃないですけど、要するになりゆき任せで。だから、ここへ引っ越してきたときは本当に貧しかったです。体も悪かったしね。いろんなものを食べましたよ。みんな信じませんが、ネズミだとか何かね。ナメクジなんかも結構うまいんですよ。蚯蚓とか。あんなものを食べた文芸家はほかにいないと思う（笑い）。

下岡　一応、煮たりするわけですよね。

黄　蚯蚓は煮たら駄目。硬くなって食べられない。醤油をつけて焼けば案外おいしいですよ。

下岡　焼くんですか。

黄　大きい種類があるんですよ。太いね。

下岡　人指し指より少し長くて太いぐらいのがありますね。

黄　そう。ああいうのをハサミで裂いて洗って焼くと、カリカリしておいしいです。

下岡　ソーセージみたいな感じですか。

黄　ソーセージじゃないです。カリカリで、せんべいみたいな歯触り。いつかご馳走します。

下岡　（笑い）いや、さすがに……。興味はありますけど。

黄　蛇なんかもたくさん食べました。蛇はおいしいです。

下岡　先生の小説にそう書いてありましたね。本当かなと思いました。

黄　非常に味の濃い肉類で。しかも当時、毒蛇もいたけれども、毒蛇は比較的小さいんです。毒がない、大きいのはたくさんいましたから、あれを捕ると結構喜んで食べました。

下岡　お子さんとかも？
黄　そう。
下岡　それは誰も信じないでしょう。先生のお家はとてもお金持ちだとみんな思っていますし。
黄　そう？　そう思ってうちの家内も嫁に来たわけですけど、当てが外れている。
下岡　そのときは本当に大変だったんですね。
黄　そうです。いつ死ぬかわからないしね。豚に振り回されるんですよね。
下岡　実際に三匹飼われたんですよね。
黄　そう。可愛いんですけどね、あの豚っていうのは。
下岡　餌を用意するだけで。
黄　もう大変なんです。私が豚を飼ったり蚯蚓を焼いたりしたことを誰も信じないけど。台湾の文芸家は真の貧を知っていませんね。

四　俳句と彫刻の相似

下岡　そういう生活をしながらも、まだ彫塑も続けていらしたんですね。
黄　感心でしょう？　人は土壇場に陥ると神に通ずる。現今の文芸家は蚯蚓の味を知らないと思いますね。
下岡　戦後になって言葉が転換しますよね。それで、言葉を道具とする文芸家はとりあえずやめて、言葉を必要としない芸術家になろうと考えて彫刻の道に入られたと聞いています。どうして彫刻なんでしょう。絵や音

　楽とか、ほかにもいろいろありますよね。

黄　そうね。それはどうしてでしょう。

　去年ね、日本の何という大学か忘れましたが、台北に台北芸術大学というのがある。あそこと一緒になって展覧会を開いた。その展覧会は彫刻俳句というものです。[20]俳句は小さな芸術なんですよね。これは美術に当てはめれば、彫刻に近くて絵に遠いという考えです。私もそう思う。というのは、彫刻は、ただ手なら手一つ作っても、作品になるかならないかがあるでしょう。絵はそうはいかないと思う。

下岡　手を描いただけでは駄目ですか。

黄　駄目です。例えばめくらを絵にする場合、絵では目を描かなければいいんです。省略すれば済む。ところが彫刻だと、描かないだけでは駄目です。無い部分をつくらなきゃ駄目でしょう。でなければ彫刻にならないでしょう。彫刻は、無いものでもつくらないと塑成しない。そういう点で、やっぱり私は彫刻は俳句に近いと思う。

下岡　絵のほうが、俳句から遠い。

黄　そう。遠いと思う。物が多すぎる。

下岡　絵のほうが情報量が多いということですか。それとは違いますか。

黄　究極的な形とは何かと考えた場合に、彫刻ではつくり得るんです。絵では複雑すぎると思う。そういう点では、彫刻はまことに俳句に近いと思いますがね。

下岡　面白いですね、先生。初めて聞きました。思ってもみませんでした。

　ここにもたくさん先生の［彫刻］作品がありますね。

黄　小さなものしかない。体力がないから大きなものはつくれない。

下岡　若い頃も？
黄　そう。若い頃から病気だったからね。
下岡　あそこの真ん中に飾ってある「盲女」は、フランスの国際青年芸術展で入選し、台湾のほうでも省展で第一位となってますよね。(21)賞をもらったときに、自分は彫刻家の道でやっていこうとは思われなかったのですか。
黄　思わなかった。

右に掲げた以外の話題として、台湾で出版された東行著・黄霊芝監修『水果之詩』（致良出版社、二〇一二・二）の日本語翻訳のこと、一時意識不明になった最近の怪我のこと、従兄の黄天横氏についての思い出などが語られたが、紙面の都合で割愛した。

黄霊芝はこのインタヴューの約二ヶ月ほど前に妻・楊素月と死別した（二〇一二年四月一二日葬儀）。またその後、五月一日に本人も自宅で倒れて意識を失い、血まみれになった状態で栄民病院に担ぎ込まれている。ゆえにインタヴュー当日も、体調は良好とは言えず、二時間の聞き取りが限度であった。

この対話で明らかになったことは、主に以下の三点である。

第一に、黄の一〇代の読書対象・圏内として、日本の大正時代の大衆通俗小説や昭和期の婦人雑誌が含まれていたということが分かった。具体的には久米正雄や菊池寛、『婦人倶楽部』の名があがったが、「破船」という小説名が口にされていることからしても、それらはかなり印象深い読書体験だったと推測される。日本の大衆文学の内容や文体が、黄霊芝の文学に直接的に引用されたり、利用された形跡は見当たらないが、黄の小説には、「喫茶店「青い鳥」」「蟇の恋」「紫陽花」「仙桃の花」など、恋愛をテーマにした作品が多い。しかも、「喫茶店「青い鳥」」以外はすべて失恋をモチーフにしている。「当時の考えでは、恋愛が成功してもしようがない」「結局、失恋主義なんですよね」と黄は少年時代を振り返っているが、子供の頃からの志向（嗜好）が青年期以降も持続して、その後も彼の作品に反映されているという把握も可能であろう。

第二に、戦前と戦後の生活環境の変化について、具体的に確認することができた。戦前は四千坪の敷地を持つ大きな家で、物質的にも文化的にも恵まれた環境にあった少年が、戦後には窮乏のため、ネズミ、ナメクジ、蚯蚓、蛇を捕って食したという経験が語られた。「台湾の文芸家は真の貧を知っていませんね」「現今の文芸家は蚯蚓の味を知らない」と繰り返された発言には、富裕な生活から一転、極限状況に置かれた者としての反骨心が垣間見える。黄の困窮生活はただに悲惨な経験で終わらず、インタヴューでも触れているように、小説「豚」などに結実した。また、時勢の変化に適合できず、落ちぶれてしまった人物は、小説「蟹」「古稀」「歯車」などにも描かれており、日本と中華民国という、言葉も価値観も全く異なる二つの時代を生きねばならなかった台湾の人々の立場と心理は彼の創作に反映されている。その具体の一端は第一部で論じた通りである。

第三に、「俳句は彫刻と似て絵に遠い」「小さい芸術」という芸術観が明らかにされた。「無い部分をつくらなきゃ駄目」「無いものでもつくらないと塑成しない」という彫刻の性質が、そのまま俳句に通じるという黄の主張であるが、見えない裏側の立体化（塑像）が求められる彫刻同様、俳句も限られた字（音）数ゆえに直接的には詠めない部分をも受け手に想像させ得る技法が求められる、という意味であろうか。[22] 黄の主張、意味するところを十分に聞き出すことができなかった点は、ひとえに聴き手の力不足である。

注

（1）黄霊芝の生まれ育った住居は、現在の台南市東門路一帯にあり、「固園」と呼ばれていた。黄家は台南きっての名家であったが、戦後、税の負担に耐えきれず、一九七九年に「固園」の土地は手放された。なお、この「固園」については、霊芝より六つ年上の従兄である黄天横氏が口述した記録、何鳳嬌・陳美蓉『固園黄家・黄天横先生訪談録』（国史館、二〇〇八・五）に詳しい。
（2）兄五人（異母兄一人を含む。長兄次兄は夭折）、姉四人の一〇人兄姉の末っ子として育つ。
（3）一九二〇年、大日本雄弁会（のちの講談社）より創刊され、一九八八年に廃刊された、婦人総合雑誌。
（4）黄天横（一九二二―二〇一六）のこと。台湾歴史資料収集家として知られている。
（5）浩然堂のこと。台南市の書店のなかでは最も大きな規模の書店であった（『固園黄家・黄天横先生訪談録』注1参照）。前章のインタヴュー中にも、父・黄欣の経営するこの本屋についての言及がある。
（6）菊池寛の小説。一九二〇年六月九日から一二月二二日まで『大阪毎日新聞』、『東京日日新聞』に連載。
（7）久米正雄の小説。一九二二年から翌二三年まで『婦人之友』に連載。師である夏目漱石の死去・葬式の様子から、漱石の長女・筆子への求婚とそれがやがて破談となるまでの過程を描いた、久米自身の体験に基づいた小説。
（8）一九三七年の台湾在住日本人の出身地の上位一〇位は次の通りである。鹿児島県（12・8％）、熊本県（10・8％）、福岡県（6・1％）、広島県（4・4％）、佐賀県（4・2％）、長崎県（4・0％）、山口県（4・0％）、沖縄県（3・7％）、大分県（3・4％）、東京都（3・3％）（台湾総督府官房臨時国勢調査部『昭和一〇年国勢調査結果表』一九三七年を参照）。小学校教員の比率が右と同様とは言えないが、渡台者に九州や中国地方出身者が多かったことは確かである。
（9）台南市が大規模な空襲を受けたのは、一九四五年三月一日。
（10）従弟の黄天輔のこと。
（11）従姉の黄菖華のこと。
（12）一番上の姉・黄灼華のこと。

(13) 一九四五年陰暦一一月九日（陽暦一二月）逝去。母は愛国婦人会の奉仕作業に駆り出され、そこでの無理な労働がたたり、以来長い間患っていた（黄霊芝「母のこと」『紀念先母黄郭命治夫人百歳冥誕特刊之一　黄霊芝小説選集』一九八六・一〇参照）。
(14) 一九四六年陰暦除夕（陽暦一九四七年一月）逝去。
(15) 一九四七年四月、台北の四兄・黄天育の家に寄寓している際、一度目の喀血をみる。大学を中退、台南の病院で結核治療を受ける。五ヶ月に渡る入院生活の後、生家に戻り療養。一九六三年に大喀血をみて、インタヴューでも言及されている通り、日本で手術を受けるべく渡航申請するが、政府の許可が下りなかった。一切の治療を放棄するつもりで陽明山に転居。果樹栽培等を始め、あえて重労働に勤しむ。その後に、結核は自然治癒した。
(16) 戦後の台湾では、軍人や官吏に支払う給与と主要物資の買い占めを行うための資金調達に高額紙幣が乱発され、一九四〇年代後半から五〇年代前半にかけて急激な悪性インフレが発生した。
(17) 永公路が開通したのは、一九六八年。
(18) 初出『岡山日報』（一九七二年二月一六日〜三月一〇日）。その後、『黄霊芝作品集　巻五』（一九七三・九）に所収。さらに『黄霊芝小説選集』（注13）に所収。その他、国江春菁著・岡崎郁子編『宋王之印』（慶友社、二〇〇二・二）、黄霊芝著・下岡友加編『戦後台湾の日本語文学　黄霊芝小説選』（溪水社、二〇一二・六）にも収録されている。
(19) 一九五三年、黄霊芝は二五歳時に楊素月と結婚。
(20) 「二〇一一彫刻五七五　国際芸術大学交流展」（二〇一一年五月六日〜六月一九日　於国立台北芸術大学）。国立台北芸術大学と沖縄県立芸術大学によって企画された。波平八郎「俳彫大要―俳句と彫刻―」（『沖縄県立芸術大学紀要』16号、二〇〇八・三）に拠れば、この展覧会は二〇〇六年四月、沖縄の現代彫刻研究会により開催された「彫刻の五七五―かたちで詠む春夏秋冬―展」に端を発し、その後、二〇〇七年一二月に沖縄県立芸術大学で第二回の展覧会「彫刻の五・七・五　HAIKU-sculpture 2007」が行われたという。その後も「美術系大学交流展」として継続され、二〇〇九年沖縄県立芸術大学で、二〇一一年には国立台北芸術大学で展覧会が開催された。

（21）一九六二年、フランスで開催された第二回パリ国際青年芸術展に彫塑「盲女」を出品し、入選。翌六三年、同じく「盲女」で第一七回省展特選第一位を獲得している。

（22）外山滋比古は「東洋の詩学」が「削りとりの原理に立脚した彫刻的なものである」ことを指摘し、「そういう彫刻的詩歌の中でも、俳句はもっとも徹底した削りおとしの形式をもっている」と論じている（『省略の文学』中公文庫、一九七九・五。引用は『省略の詩学―俳句のかたち』中公文庫、二〇一〇・一〇に拠る）。

第三章　二〇一二年七月一五日、同年九月一六日の記録

本章での対話は、二〇一二年七月一五日、並びに同年九月一六日に黄霊芝の自宅（台北市）において行われた。両日ともに午後三時から約二時間かけて行われた。内容の公表にあたっては、生前に黄の一閲を受けているが、括弧内の補足や注釈はすべて下岡の判断に基づくものである。

一　呉濁流の思い出

下岡　呉濁流さん(1)とお会いになったことがありますね。

黄　そう。呉濁流さんに最初に会ったのは、彰化銀行の本行です。

下岡　ホンコウ……？

黄　分行ではなくてね。彰化銀行の三階に研究室というのがあって、その研究室に何人かの絵描きさんが勤務していたんです。だから私は銀行へ行くと彼らを訪ねて、よくおしゃべりしたりしておった。そこへある日、呉濁流さんも来ていたんです。それで初めて呉濁流という名前を知った。

ところが、呉建堂(2)という人がいる。それから『台湾民俗』という本を出している呉瀛濤《ごえいとう》(3)という人がいるでしょ

う。その名前も私は知っているんだけど、いずれも見たことのない人だから、うろ覚えで混乱して、同じ人だと思った。

下岡　三人がごちゃごちゃになったのですか。

黄　だって、みんな、呉、呉でしょう。「台湾の文芸家は、みんな呉かな」と思ってね（笑い）。

その後［私が］台陽美術協会[4]にいたときに、頼伝鑑[5]という絵描きさんがいた。この人は私とちょっと似ているところがあるんですよ。考えとか何とかがね。彼も小説を書いたりして文学に興味がある。

台陽美術協会は一年に一回みんな集まるのでね、ある年、私が小説を書いていることをどこで聞いたのか、彼が「呉濁流さんに送ってやれよ」と言ったんですよ。彼らは同じ客家の人で親しくしていた。「だけど僕、中国語をうまく書けないんだよ。だから駄目だ」と断った。そうしたら「まあ、書くだけ書いてみろ」と言う。それで「蟹」を翻訳して頼伝鑑氏に「ちょっと直してくれる？」と送ったの。そうしたら彼は、そっくりそれを鍾肇政[6]に渡したと言うんだ。それを、当時『台湾文芸』の編集長だった鍾肇政氏が採用してくれた。それが［呉濁流文学］賞にあがったということです。本を送ったあとに彼らの中で品評会とか選考会があったわけで、そんなことを私は知りませんでした。呉濁流さんのことも、それまで知らないしね。

ところがある日、呉濁流さんから葉書が来た。「君に会いたいから、ちょっと来てくれんか」というのです。それで新生南路の路地のお宅へお伺いしました。三階に住んでいた。そのときの話を覚えています。呉濁流さんは私に向かって「君の小説に台湾が出てこないんだ」と言うんです。台湾的意識が、ということでしょう。「台湾的意識を盛り込んだほうがいいんじゃないか」と言った。そのときに私は「例えば店を開く場合、デパートは間口が広くて何でも扱う。一つの物を売る場合、本屋で本ばかりを売ってあとは知らないというのも一つの方法だけど、間口は広いほどいいじゃないか。私はそう思う」と申し上げた[7]。その後、呉濁流さんは私に一回も「台湾」という言葉で突っかからなかったです。あの点は遠慮したのか、全然触れていないですね。

下岡　その後、会うことは会ったんですか。

黄　しばしば会っているし、向こうの［呉濁流文学賞の］選考委員にもなってくれと頼まれたしね。

下岡　四年間［一九七四〜七七］ぐらい、されていましたね。そのときもずっと会っていたのですか。

黄　会っていました。そればかりでなく、彼は台北俳句会にも毎回来るんですよ。作らないけど来る。

下岡　選んだりはするのですか。

黄　選ぶことも少ないです。話をして見ているだけ。呉濁流さんはおしゃべりなんですよ。実によくしゃべりますよ。だから面白いことがありました。

　当時、台湾の大学で日本語をかなり熱心に教えていたのは淡水の淡江大学です。昔は淡江文理学院だった。あそこの主任が日本からよく学者を招いて、淡江文理学院で座談会や検討会のようなものを開いた。私もその座談会に呼ばれて出た。マッキンノン(8)という学者が来ていました。マッキンノン先生は、お父さんは英国人で、お母さんが日本人。室町の思想史を研究しているという話でした。

　そこへ行ったときに面白いことが起こった。呉濁流さんが立ち上がって滔々としゃべり出したんです。あの人はなかなか健啖家で、しゃべるとなかなか止まないのです。参会者に、淡江文理学院の先生で台湾の民俗を研究していた林衡道《りんこうどう》さん(9)という人がいた。林本源家の有名な、よく太った人です。見かねた林衡道さんが呉濁流さんをさえぎって「今日、我々は日本の先生のお話を聞きに来たのである。あなたの話を聞きに来たんじゃないんだよ。無礼者、無礼者」と。それを聞くと本当に不躾なほどで、ぎょっとしました。日本語系の先生が驚いて、林衡道さんに「すみませんけど、どなたさまですか」と聞いたのです。あの二人を知らないんです。そうしたら林衡道さんもただ者ではありませんから、立ち上がって仁王立ちになって「私は本校の教授、林衡道です」と言った。そしてエーイッと、こう、何というか、大見得を切って。面白かった（笑い）。その間、呉濁流さんは一言も言わなかった。あれは立派ですよ。言葉を返すとまずいことになるからね。

下岡　それで、その場はうまく。

黄　別れてね。その後、二人の間柄がどうなっているかは知りません。

下岡　では、呉濁流さんはあとから有名になったのですか。今では皆さんが知っていますね。当時はそれほど知られていなかったのですか。

黄　まあ、真っ向から抵抗の文学、反抗の文学というのが目的の出版でしょう？　そういうものは大々的に発表もできないしね。だから……。いろいろ面白いことがあるんですよ。

林衡道さんも、台北俳句会にやってくるんです。日本語の達者な会員たちと懇意にしている。そういうグループがあるんでしょう。だからよく来る。呉濁流さんの場合は、俳句会の俳句に対して口を出さないんですね。林衡道さんは口を出す。そしてぼろくそにけなしたりするんです。

下岡　でも、自分は作らないんですよね。

黄　うん。作らない。

一度、ひどい目に遭いました。蔡華山さん(10)って知っている？　中国文化大学の日本語の主任か何かをやっている人。

下岡　私は存じませんが。

黄　だいぶ活躍しているのよ。

下岡　何歳ぐらいの人ですか。

黄　私よりちょっと上ぐらい。

黄　蔡華山さんも俳句会に参加したいと言って、来たんです。その席上で、ちょっとトラブルが起きた。それはね、日本のことを「美（うま）し国」という言い方がありますでしょう。林衡道さんが「これは間違いだ。『美（うま）しき国』だ」と。いいんですよ。正しく活用させて形容詞を使えば「しき」が正しかったんだけど、そういう「「美し国」という」用法がある。林衡道さんがその句を「これは駄目だ」と言った。それに対して蔡華山さんが、「いや、それは間違いではあったのでしょうけど、今は慣用されているし、『方丈記』にはこういう言葉がある」と言ったんですよ。それを林衡道さんは侮辱されたぐらいに怒り出してね。そして「生意気言うな！」と怒鳴っちゃったんですよ。

　ところが林衡道さんの可愛い点は、すぐに私のところに飛んできて「すまん、すまん」と詫びた。実は楊千鶴[11]という、日本時代に新聞記者をやっていた人がいた。林衡道さんはよく知っているんです。「実は君も知っているかもしれないが、大っ嫌いな女がこの会に今来ていたんだ。もう、むしゃくしゃして、燃え上がって爆発したんだ。別に悪意があったわけじゃないから、蔡華山さんにぜひとも詫びてくれ。平身低頭してお詫びする」と、ちゃんとそれをしました。だから私も蔡華山さんに「彼はそういう子どもっぽいところがあるので怒らないでやってくれ」と間に立った。ところが、それっきり華山さんは来なくなってしまった。

下岡　間に立って大変ですね。結構、大物がたくさん来ていますね。

黄　そう。面白い。

下岡　みんな、先生より年上ですよね。

黄　そう。年上。

下岡　だから、言うわけにもいかないし。

黄　（笑い）だけど楽しいですよ。

下岡　句を作らない人も結構参加していたんですね。

黄　参加していました。人数が少ないから、日本語を使う人はみんな歓迎したんです。変わり者がいると楽しいですけど。

その後、呉濁流さんは私を買いかぶってくださって、いろいろ連れ歩くこともありました。金龍禅寺[12]というお寺に呉濁流文学奨紀念碑が建っているでしょう。見たことがある？

下岡　大きなのを。写真で見たことがあります。

黄　後年、あれを作るときに「君は美術家だから、美術の目で設計してくれんか」と言われた。私は［設計を］知らないし、したこともない。そうしたら「いや、やってみろ」と。結局は四種類ぐらい下絵を描いて渡しました。

そのほかに、彼はほうぼう歩いて、どこに建てるか場所を探したらしい。そして「烏来の山に一つ気に入った石がある。一緒に見に行こうよ」と誘ってくれて、行ったんです。烏来からちょっと遠いところでケーブルカーがあったかな。烏来の何とか園というのに行きました。そこで二カ所あって、一カ所は崖があって下は絶壁です。そこに彫る案と、もう一つは奥のほうに寝そべった石が一つある。形が牛に似ているので気に入った。それで一応、この牛の石を使うことにしようと話をした。ところがその後、呉濁流さんは石屋を連れていって見た結果、この石は使えない。もろい。崩れていくというので駄目になった。

それではどうするかということで、たまたま内湖の金龍禅寺の住持が客家の人だという関係で「自分の境内に建てたらいいじゃないか」と言ってくれた。呉濁流さんも「それがいいかもしれない」と。やはり人里まれなところでは、どうなるかわからない。適当に人がいて、しかもあまり壊されない場所がいいのではないかということで、そこに決めた。

あの［碑の］字は杜聡明さん(13)の字です。スタイルは、私が設計した四種類のうちの一つです。私としては、字をあんまり多く彫るのはよくないと思うんだけど、呉濁流さんはやはり中国式に、空間があると字を入れたがる。

下岡　ぎっしりと。

黄　ぎっしりとね。今もって壊れずにいますけどね。

下岡　結構、［黄先生は呉濁流さんに］可愛がってもらった、というか。

黄　うん。可愛がってもらった。ところが、例えば一緒にバスに乗りますでしょう。どこかまで行くのにちょっと時間がかかりますよ。［呉濁流氏が］しゃべりまくるんです。日本語には違いないけど、不思議なぐらい聞き取れないんです。書くと、ちゃんと立派な文章です。ところが、しゃべると、いったい何をしゃべっているのか。誰かが「日本の人からも尋ねられたよ」と言っていました。

下岡　聞き取れないのですか。

黄　何をしゃべっているのか聞き取りにくいんです。あれは不思議だなと思いました。そういう人間は時々いますよ。例えば蒋介石の演説を聞いても、中国語だとはわかるけど聞き取れない。

下岡　呉濁流さんは先生に、台湾意識の明確なものを書いて……。

黄　書いてほしかった。

下岡　でも、先生はいやだと。

黄　いや、というわけではない。殊更にいやというのは、ね。

下岡　いろいろあったほうがいいと。

黄　それぞれのよさがあるんだから、という。

下岡　[呉濁流さんは]面白い人ですね。

黄　面白いですよ。また、非常に立派な人でね、例えば選考会などではシャバ代をくれるんですよ。お金を包んでくれる。こっちは受け取りませんでしょう。そうすると「いや、これだけは絶対に受け取ってもらう。原稿料は払っていないから、それは勘弁してくれ」と。それで、みんなで頑張ってやろうという気持ちなんです。彼は立派な人格者ではあるんです。人格という点では立派な人でした。思想面は、それぞれの考えがあるからね。

二　台北俳句会成立事情

下岡　台北俳句会の成立は東さんからの強い勧めによるのですか?

黄　東早苗さん[14]が台湾にやってきたのは、ペンクラブのあれ[一九七〇年第三回アジア・ペンクラブ会議]で来たわけでしょう。そのときに、呉建堂さんの短歌の会、台北歌壇が招待したんです。その時点では、呉建堂さんも私も誰も、この東早苗を知らない。東早苗さんを連れて歓迎会に来たのは呉荘月娥[15]という、『台北俳句会四〇周年紀念集』のおしまいに写真が入っているでしょう。[16]あの東早苗の横に座っている人。呉荘月娥さんがどういういきさつでこの東早苗と知り合ったかはわかりませんけどね、おそらくは何かの会合で、日本語をしゃべるということから一緒になったのだろうと思います。それで「日本語をしゃべる会があるから」と言って、連れてきたらしいんです。そういう関係で、誰もこの人［＝東早苗］を知らない。

下岡　最初から知っていたわけではないのですか。

黄　知っていたわけではない。

下岡　台北歌壇に、一緒に来られたのですか。

黄　来られた。そのときにこの人は、自分は俳句を作っている。俳句を広めたいんだ、と。メキシコを訪問した吟行詠の本(17)も出しているし、自分のところは女性の会員ばかりで活発だ。みんな国文学科を出た才媛ばっかりだ。台湾で俳句を広めることができるなら、自分としては破格の計らいをもって、自分の結社の雑誌に台北俳句会の句を載せてもいい、と言うんです。

ところが、これだけでは進めることはできないでしょう。話が進んだきっかけは、台北歌壇の歓迎会があった翌日に、東早苗さんと小説家の中河与一(18)の二人を連れて私が台南へ案内していった［ことです］。「君は台南の人だから、台南へひと走りしてくれ」という呉建堂さんの話だったので、日帰りの旅で行きました。

下岡　日帰りで台南？

黄　向こうは川端康成を団長にして何人か来ているんです。五、六名か、六、七名か。それが二組に分かれて、私と一緒に汽車に乗って台南へ行く組と、その前の晩に台中へ行って日月潭に泊まる組の二つに分かれた。川端さんは日月潭へ行きました。あくる朝、私たちの組の汽車が台中を通ったときに、もう一つの組が上がってきて台南へ一緒に行く予定だったんです。ところが川端さんが「日月潭はいいところだから、もう一日遊ぶ」と言って、［台南へ］行かなかった(19)。だから二人だけを案内して私は日帰りで［台南へ行った］。

その汽車の中で、再び台北俳句会の話が出たわけです。そして東早苗さんが私に「どんな俳句を今まで作っていたのか見せてくれ」と言うので、私はノートを持っていたから、それを見せた。

下岡　先生の書き貯めたのがあったんですね。

黄　そうしたら「ああ、君はいい」と言ってね。その実、私が台北歌壇に入ったのは、台北歌壇ができた二年後［一九六九年］でしょう？　会員は誰が誰かもまだよくわかりません。何という名前かもわからない。どんないきさつで句を作っているのかもわからない。とんでもなく偉い人間もいるのかもしれない。「僕じゃ駄目だ」と断った。ところが、やってみろということなんです。「やってみろ。やるなら早いほうがいい。今すぐやれ」と。私は「あとでやる」と言ったら、東早苗が「あとじゃ駄目だ。やらないから、すぐやれ」と。それでうやむやのうちに、私は「じゃあ、やってみよう」という。

下岡　それで、主宰になったのですか。

黄　主宰というわけでなく代表に、ということでね。

下岡　では、あれよあれよという間になったというか、ならされたというか。

黄　そう。誰はどんな経歴を持っているのか、全然わからなかった。うやむやのうちに成立しちゃったんですね。

下岡　俳句会の会員は、歌壇に入っている人ですか。

黄　台北歌壇の人だけ。

下岡　一緒に二つをやるというか。

黄　向こうでは『七彩』という結社の雑誌を出している。そこに台北俳句会の句を確かに何回か続けて出しました。

ところが私ね、非常に申しわけないことなんだけど、この東先生と喧嘩して別れちゃった。その原因は、報告事項とかいろいろな手紙を書くでしょう。あの先生はそれをそっくり会誌に載せる。

下岡　許可を得ないで、私信をそのまま載せるのですか。

黄　しかもですよ。載せるだけならまだいいんですけど、直して載せる。

下岡　文章を勝手に？

黄　文章を勝手に直す。しかもその直し方が、びっくり仰天するような、まるで新興宗教の教祖にひざまずくような文章に直してしまう。

下岡　なるほど。自分を高めるような感じで。

黄　そう。猛烈に敬語だらけのね。(20)そんなわけで、手紙を書けないでしょう？

下岡　確かに。それはいけないことですね。

黄　おかしいですよ。

下岡　変ですね。

黄　変でしょう？　だから、向こうから雑誌が届いてもお礼状も出せなかった。

下岡　出せないですね。どんなふうに変形するかわからないから。それで独立というか、俳句は、台湾は台湾でやるということになったのですか。

黄　やってしまおうと。きっかけはそこにある。最初は向こうもご厚意で誘ってくれて、発表してくださるわけですから礼を尽くしたつもりなんだけども、それでは［東氏は］物足りない。

下岡　結果からしたら、台湾は台湾でやったほうがよかったかもしれませんね。

黄　そうね。

下岡　それで、うやむやのうちに先生が代表で。

黄　ということで（笑い）。

下岡　それで四〇年経ったのですか。
黄　四〇年後に再会したら、面白いかもしれない。ハハ。
下岡　まだ生きていらっしゃるのかな。
黄　さあ、消息は不明です。恰幅のいい方でしたよ。堂々たるね。

三　ペンネームについて（これ以降、九月一六日のインタヴュー内容）

下岡　ペンネームの霊芝は、どうして霊芝なんですか。
黄　わからないね。動機がわからない。
下岡　わからない？　先生がつけられたんですよね。
黄　私の記憶では、一番最初は「龍年《りゅうねん》」とつけたんです。
下岡　ああ、龍年生まれと。
黄　岡崎［郁子］さんの『黄霊芝物語』に収めている写真が何枚かありますでしょう。あの中の一枚に、私の描いた自画像があるんです。(21)鉛筆のデッサン。あれに「1950龍年」というサインが入っている。だから、そのときには龍年を使っていたらしい。だけどそれは記憶になくて、その後、使ったことがないんです。龍年というのは平凡な感じでね。ありふれているでしょう。だからそれは使ったことがない。
　その代わり、私はペンネームをたくさん使っている。人に言ったら笑われそうだから言いませんけどね。彫刻の場合は彫刻で、木で彫った「胡壷」というはんこを作った。胡は三味線とか胡弓とか胡瓜とかの胡。

それから壷という字。何と読むんですか、「コッボ」ですか。どういうわけでそれを使おうとしたかわからないけど、彫刻でこれを判に彫って押さえつけようとして、判は作ってある。だけど一度も使わなかった。まずわかりにくいでしょう。だからそれは使っていない。

下岡　その後、霊芝を使い始めたのはいつからか覚えていませんけど。

黄　いつの間にか、ですか。

下岡　いつの間にかね。その感じがよかったんですかね。

黄　その実、私はたくさんペンネームを作っているんですよ。一つは「周圭府客《しゅうけいふきゃく》」という。圭は周代の礼器です。というよりそう思われていた。実際にはもっと古いのだけど……。天子や王侯貴族が手に持つ礼器です。そこへ客分として寝泊まりしているという……。これは玉《ぎょく》を遊び始めたあとのことで、書道家とか篆刻をやっている気鋭にいくつかはんこを彫ってもらっています。これはたびたび使った。

それからもう一つは「天囚府《てんしゅうふ》」。誰も相手にしてくれない天囚だ、天に閉じ込められた者だということで、これも使った。ちょうど『えとのす』の編集を始めた頃に使い始めたものなんです。(22)

下岡　『えとのす』に、この名前で書かれている記事もありますか。

黄　[天囚府で書いた] 文章はない。やっぱり「黄霊芝」です。

下岡　これ [天囚府] は、どこに使われた名前ですか。

黄　何となく使ってみたということでね。(笑い)

玉の世界って面白いんですよ。例えば故宮博物院へ行くと、石器時代とか殷とか周のものがいろいろあります。その中で礼器に属するもの。礼器って大きな器物です。国家が祀りに使うものです。

当時の中国人の考えとして、礼器を尊んだのは周の時代だという伝えがある。だから、礼器に属するものはみんな周のものだと故宮は決めつけていたんですよね。故宮博物院に言わせると、展覧しているものは、清の乾隆時代に編まれた『石渠宝笈《せききょほうきゅう》』という目録に添って解説をつけている。だから、礼器的なものはみんな周になってしまう。

それが、一九七〇年代ぐらいに中国大陸で考古学発掘が非常に盛んになって、上海の揚子江沿岸一帯に、北方の黄河の文化とは全然違う別の様式の玉器がたくさん出てきたんです。それはほとんど新石器時代のもの。それで今、故宮ではみんな新石器時代に直してしまっている。そこで一つ起こるのは、では周代には何もないのかという問題です。わからないわけでしょう?

ちょうどそのもたもたしている頃に、私は周代と考えて買った圭《けい》が一本あるんです。圭は斧の形をしている。文様は一般に入れない。その代わり、磨きが非常に緻密で、いい玉材も使う。そういうことで、私としては「ああ、いいものを手に入れた」と。主人は周の圭であって、そこへ私は客になりに来ている。逆の考え方で使っていった。ところが、その後、果たしてその斧型のものが圭なのかどうか。当時、誰がどう呼んでいたかわからない。今もわからない。だから、おかしいので、ほとんど使っていない。

それからつらつら思うに「私は天の囚人だ」という気取りがちょっとあるんですけどね。

もう一つ、骨董の世界でのみ、つき合いがあった人には、こういう名前を使ったことがある。〈書く〉

「昌朋軒《しょうしょうけん》」。昌は太陽が二つです。月が二つで朋。

下岡　軒《のき》の軒《けん》ですね。

黄　そう。玉器で遊んでいる人たちの間で訪ねてきては……、私には友人が少なくないんですよ。こういう古い物の世界の友人です。昔、俳句会が終わったあとはいつもこっそり抜け出して骨董屋遊びをするんですよね。そういうのが何人かいて、そこでよく出会う。なかなか賑やかで、楽しかったですよ、あの頃。今はほとんどみんな亡くなりましたけどね。

下岡　そういうわけで、「霊芝」は、いつから使い始めたかはっきりしないし、使った動機もわからないんです。

黄　でも、何となく落ち着く、というか。

下岡　落ち着く。そう。字柄からいっても筆画があるでしょう。並べたときに「ああ、これは感じいいな」というのがあったから、たぶんそれだろうと思う。

黄　キノコの霊芝なんですよね。

下岡　そうそう。キノコの。私の家でもよく生えるから。

黄　下の庭のところに[23]。

下岡　うん。昔、台南の家でもよく生えていましたよ。ただ、毒があるかどうかがわからない。今でも我々にははっきりしない。

黄　では、よく見慣れたものですか。

下岡　見慣れたものではあるし、かといって、それを知っている人が案外少ないんです。

黄　そうですね。名前だけですね。普通は見ませんもの。霊験あらたかな、薬になるもの。サルノコシカケとか。

下岡　日本では、柄のついたのが霊芝です。下に柄のついていないものがサルノコシカケと分けている。

黄　柄がついているかついていないかで、別々の呼び名なんですね。

下岡　ところが台湾では一緒くたにして、みんな霊芝。一般には女性的な名前だという感じで、今でもいろいろな出版物を送ってくると、「黄霊芝小姐《シャオジエ》」で来るよ。[24]（笑い）

黄　私は日本人だからわかりませんでしたが、やはり先生のことを女性だと思っている研究者がいました。

黄　うん。多いと思う。一般に女性的だから。

下岡　この漢字［＝霊芝］は女性に使う漢字らしいですね。台湾や中国の人は、名前ですぐ男子、女子とわかりますね。私はいまだに全然わかりません。

黄　秦の始皇帝が徐福を日本にやって薬草を採集させたという伝えがありますでしょう。あれは霊芝だったに違いないという説もあるんです。

下岡　ありがたいものですね。

黄　その後、薬草学が明の時代あたりに出来て、霊芝の一種の茯苓《ぶくりょう》というのがたしか漢方薬に古くから使われている。あれは霊芝の一種類なんです。それ以外は薬用されていなかったと思う。ただ、やっぱり珍しいキノコだというのはあった。

もともと明から清の時代にかけての文人たちは一種の言葉遊びをよくやっていたでしょう？　だからその頃の人たちの名前には、非常にたくさんの別号、ペンネームがついていますよ。書いてあるのはずいぶん多いんですよ。僕も一種の趣味があったかもしれないね。

下岡　先生にもこんなにたくさんペンネームや号があるのは、普通のことなのですね。

黄　普通のこと。だけどあまり使っていないから。

下岡　今では、もう霊芝が。

黄　ええ。それでひとまとめにしてしまって。（笑い）

（中略）

下岡　先生、ご自身の文学理念形成において重要だったと思われること、何かありますか。

黄　これでしょう。これですよ。〈ペンネームを指す〉

下岡　天囚府？　天の囚われの身？
黄　そう。こういうふうに囚われないと何もできないでしょう。そうじゃない？
下岡　先生が囚われたということですか。
黄　そう。自分と意見を同じくするグループはほとんどないということ。協力者がいないほうが自由だということがあるでしょう？
下岡　なるほど。そういう考えですか。
黄　自分で自分のしたいようにやる。それしか自分の道はないでしょう。
下岡　そういう考えに行き着いたのは、かなり若いときですか。
黄　それはそうでしょう。いつ死ぬかわからないんだし。
下岡　自分の思うところを。
黄　思うように書く。そうすると、人に見せるためよりも自分でけりをつけているということじゃないですかね。他人には他人の仕事があるし、こっちにはこっちの仕事があって、それだけやればいい。事実上、そういうことしかできませんでしょう。

本インタヴューでは、第一に呉濁流、鐘肇政ら台湾文学を代表する作家たちとの関わり、第二に台北俳句会創立時のエピソードや実際に会に参加していた人々の様子、第三に「黄霊芝」以外のペンネームの存在とそこに込められた意味について新しく知ることができた。特に対話の終わりにおける「自分は天の囚われの身である」と

する黄の言葉は、戦後の台湾で日本語による創作を継続し続けた、黄の営為を彼自身の立場から理解するに極めて重要な証言と考えられる。

呉濁流との思い出を語る黄の言葉は、黄に関する唯一の評伝、岡崎郁子『黄霊芝物語─ある日文台湾作家の軌跡』（研文出版、二〇〇四・二）における「黄霊芝の作品には「反抗」や「郷土文学」らしさが見当たらないため、呉濁流には不満もあったようだが、それでも可愛がってくれた」と説明されている箇所を補足する内容である。郷土文学を重視する呉濁流に対し、むしろ個々の作品のバリエーションの方に重きを置く、黄の価値観は、次の言にも明らかである。

いわゆる郷土文学なるものが文学の一分野であることは言を俟たない。しかしそれだけが文学ではない。たとえば豚肉を売る。豚肉は商品である。金物を売る。金物は商品である。だからといって、それ以外のものが商品でないという道理はない。文芸雑誌を経営する場合に一つの枠内で仕事をする。もちろん、これによって一つの主義ないし風格を標榜することはできるだろう。しかし、デパートの方が一商店よりもはるかに図体の大きいことを知るべきである。わざわざ間口を狭め、自らを縛る愚は、かの繭蚕に任せればよい、と私は申し上げた。この気持ちは今といえども変わっていない。

私見によれば文芸雑誌は一風格をのみ標榜すべきではないが、一作家が一風格にのみ終始するのも愚である。盥は丸い方が便利であり、本箱は四角になるのが自然の理であり、妙でもある。風格は作品に属し、作家には属さない。（「あとがき」『黄霊芝作品集　巻九』一九七三・一一）

右のような芸術（作品）至上主義的価値観が、この対話時にも変わらずに持ち続けられていることが、明らかとなった。呉濁流と黄霊芝両者の価値観（文学観）の差異は、もちろん各々の個性の差であろうが、それは日本の植民地統治の矛盾を、青年期から壮年期にわたって職歴のなかで経験した呉と、幼年期から青年期に、学生生活を通じて経験した黄との世代の差や置かれた環境の違いに起因するとも考えられる。

そのほか、岡崎郁子『黄霊芝物語』では、台北俳句会の創立について「『七彩』との縁は一年足らずにすぎず、翌七一年一〇月には『台北俳句集』第一集を自分たちの手で発行、台湾の俳句会として独立する」と記されているが、その「独立」の事情・理由が黄の立場から明らかにされた。また、台北俳句会が俳句を作る作らないにかかわらず、日本語を話す（話したい）人々の一つの憩いの場となっていた、当時の様子をうかがい知ることもできた。

注

（1）呉濁流（一九〇〇―一九七六）。作家、詩人。日本統治下の公学校で教師を、中国南京で新聞記者を経験し、日本人でも中国人でもない台湾人としてのアイデンティティを模索した。一九六四年に『台湾文芸』を創刊し、台湾本土の文学の発展、育成に尽力した。

（2）呉建堂（一九二六―一九九八）。医者、歌人。筆名は孤蓬万里。台北歌壇（現・台湾歌壇　一九六七―）の初代主宰。編著に『台湾万葉集』（集英社、一九九四・二）、『台湾万葉集　続編』（集英社、一九九五・一）があり、一九九六年に菊池寛賞を受賞した。

（3）呉瀛濤（一九一六―一九七一）。詩人。一九六四年の詩誌『笠』創刊に参加。著書に『海　散文集』（英文出版社、一九六三・一二）、『台湾民俗』（進学書局、一九六九・一二）等がある。

（4）台湾美術展覧会（一九二七年設立）とは別に、一九三四年、台湾人画家七人を中心として結成され、台湾の美術発展に貢献した。

（5）頼伝鑑（一九二六―二〇一六）。洋画家。台陽美術協会評議委員、全省美展評審委員及び顧問等を歴任。
（6）鍾肇政（一九二五―）。作家。代表作に『濁流三部曲』（遠景出版社、一九七九・三）、『鍾肇政自選集』（黎明文化事業、一九七九・七）等があり、呉濁流編集の『台湾文芸』を補佐。郷土文学の重鎮とされる。
（7）『黄霊芝作品集　巻九』（一九七三・一二）「あとがき」にも、ここで語られた内容と同様の呉濁流とのエピソードが記されている。
（8）Richard Nichols Mckinnon（一九二二―一九九四）。能狂言、特に世阿弥研究での米国の第一人者。ワシントン大学名誉教授。
（9）林衡道（一九一五―一九九七）。歴史学者。台湾の淡江大学、東呉大学、真理大学、国立台北芸術学院で教授を歴任。
（10）蔡華山（一九二七―）。日本古典文学、日本語教育研究者。台湾の東呉大学、淡江大学、輔仁大学、中国文化大学等で教鞭をとる。各種学校の校長を歴任。
（11）楊千鶴（一九二一―二〇一一）。一九四一年台湾日日新報社に入社、家庭文化欄の記者をつとめる。一九五〇年、台東の県議員に無所属で当選。著書『楊千鶴作品集1　人生のプリズム』（南天書局、一九九八・三）には、林衡道氏とともに写った写真が収められている。

（12）所在地は台北市内湖区内湖路三段二五六巷二号。

写真　呉濁流文学奨紀念碑
（於金龍禅寺　二〇一二年九月一八日
下岡撮影）

（13）杜聰明（一八九三―一九八六）。台湾人初の医学博士号取得者。台北帝国大学医学部教授、戦後も国立台湾大学医学院院長、熱帯医学研究所所長等の要職を歴任。

（14）東早苗（生没年不詳）。『七彩』主宰。東早苗「一粒の種―台湾の俳句―」（『七彩』秋冬号No.11、一九七〇・一一）に台湾の俳句会紹介の言がある。同号には台湾における「東早苗先生歓迎俳句会一～三」の句、並びに「台北俳句会七彩支部作品」として、黄霊芝をはじめとする台湾の俳人の作品が掲載されている。

(15) 呉荘月娥（一九二一—）。台湾省県会議員。台北歌壇、台北俳句会会員。

(16)「台北俳句会設立前夕『七彩』主宰東早苗先生を囲んで（一九七〇年七月）」『台北俳句会四〇周年紀念集』（二〇一〇・一二）三七一頁掲載写真。

(17)『俳句随筆　虹の暦日』（七彩会懇話会、一九六六・九）。本書にはメキシコ以外にも、アメリカやヨーロッパ、イスラム各地の訪問記録が収められている。

(18) 中河与一（一八九七—一九九四）。小説家。一九二四年、川端康成等と『文芸時代』を創刊した。

(19) 当時、川端康成は七一歳。六月に台北で開催されたアジア作家会議へ出席し、講演。つづいて六月二九日から七月三日まで京城で開催された第三八回国際ペンクラブ大会にゲスト・オブ・オナーとして出席、祝辞を述べている（川端香男編「年譜」『川端康成全集　第三五巻』新潮社、一九八三・二参照）。また同年九月『新潮』に発表された随筆「台湾・韓国」には、「台湾も韓国も、私には初めての訪問であつた」が、「親しみ」を感じたと記されている。

(20) たとえば、実際に『七彩』に掲載された黄霊芝の手紙には、「女性で立派な生きた指導的俳人に今迄接した事のない私が、去年始めて東先生に接し、先生から俳句の火をともされた事は不思議な機縁である。（……）」（『七彩』九周年夏季号、一九七一・七）等とあり、黄の証言を裏付けるような文面が確認できる。

(21) 岡崎郁子『黄霊芝物語—ある日文台湾作家の軌跡』（研文出版、二〇〇四・二）の巻頭から三頁目の左上に掲載された写真。

(22)『えとのす』（新日本教育図書、一九七四・一〜一九八七・四）は、国分直一主幹の民族・考古学に関する総合学術季刊誌。黄霊芝は一九七六年九月から編集部に請われて寄稿を開始。『えとのす』に寄せた論文、翻訳の一部は『黄霊芝作品集』巻一一（一九八四・七）、巻一二（一九八六・四）、巻一三（一九八六・一二）に収められている。

(23) 黄霊芝の邸宅は急勾配の長い石段の上に建築されており、石段の下にも庭が造成されている。

（24）「小姐」は、中国語で専ら女性に対して用いる敬称。

結　黄霊芝研究のこれまでと今後

戦後台湾の日本語文学とは、日本の植民地支配が台湾に遺した〈負の遺産〉である。そして、また「日本の植民地主義における」「「言語ナショナリズム」の実質的な克服」」（磯田一雄[1]）でもあった。本書はその日本語文学の具体相を、黄霊芝のテクストを通じて精査することを試みたものである。総論でもすでに述べたが、黄のような日本語文学が戦後の台湾に存するという事実自体が、かつての〈帝国〉日本の植民地統治の暴力の事実を決して忘却させず、その記憶を呼び起こす装置であった。また、それは日本語使用を禁じた戦後の国民党体制から見れば、目障りな〈異物〉でもあった。台湾の日本語文学とは、戦前／戦後の二つの体制に対する、命知らずの反権力的な方法である。

ただし、黄霊芝の文学はそうした政治的意識を前面に打ち出すのではなく、台湾の人々の置かれた立場と心境に寄り添いつつ、不完全で愚かな生き物としての世界共通の人間の生＝悲喜劇を、饒舌な語り（騙り）口とブラック・ユーモアをもって提示することに成功している。本書第一部の記述は概ねそうした方法の個別の証明のために費やされた。

第一部において詳細を確認した通り、黄の小説・俳句は徹頭徹尾台湾を作品舞台とする、台湾の文学であった。しかし、「日本文学」のみならず、「台湾文学」という〈制度〉のなかでも黄の文学は、長い間本格的な論考の対象とされてこなかった。黄に関する唯一の評伝『黄霊芝物語―ある日文台湾作家の軌跡』（研文出版、二〇〇四・一二）を書いた台湾文学研究者・岡崎郁子は、その書のなかで「戦後になって日本語で物した作家を台湾文芸の中で論じること自体否定的な空気が、まだ根強く台湾にはある」ことを述べている。

本書の序で述べた通り、台湾では歴史的・政治的な背景から、使用する言語と使用者の立場（イデオロギー）が分かちがたく結びついていた。文学における使用言語は、そのまま台湾の政治権力の在処を示している。すなわち、戦前の日本時代は日本語で書かれた文学が、戦後の戒厳令下では中国語で書かれた文学がその中心であった。そして、民主化後は本土回帰の理念から、台湾語や先住民族の言語で書かれた文学へと人々の関心は移ってきたのである。このような場において、日本時代はとうに終わり、政府が公の場での使用を禁止しているにもかかわらず、日本語によって書かれた文学が一般に歓迎されるはずはなかった。また、それを読むことのできる人々も年々高齢化し、減少していった。「日本語世代」に属する人々はグループを形成し、一九六〇年代末から日本語文芸活動を開始していたが（末尾の表参照）、彼らの文芸作品は、ともすれば日本への郷愁に基づく「植民地後遺症」と差別的に受け取られるか、読む前から日本人の書いたものより劣ると見なされてきた[2]。

そして、「日本文学」は、もはや「日本」ではなくなった旧植民地・台湾において戦後に書かれはじめた「日本語文学」を積極的にとりあげて論じようとはしなかった[3]。わずかに、大岡信が『台湾万葉集』のうたと歌人をとりあげ（「折々のうた」『朝日新聞』一九九三年五月九日～六月六日（断続的に一九回））、「日本語世代」の日本語作品の存在を知らしめた。大岡は二〇〇一年四月一八日の「折々のうた」において、黄霊芝の俳句（「馬酔木野や句張弓手に行くお侠」）を紹介し、次のような評価を与えている。

『黄霊芝作品集　巻十五』（平一二）所収。故呉建堂の創始主宰した「台北歌壇」と共に、台湾で三十年以上続く「台北俳句会」を創始し中心となって引っぱってきた文人。台湾では第二次世界大戦後日本語の使用はほとんど絶え、日本語を公然と使えば身の危険を招くような時もあった。しかもなお純正な日本語を愛し、短歌や俳句を作る人々がいる。作者は中でも本格的で、その作も論も、一頭地を抜く。

しかし、台湾の「日本語世代」の日本語作品を日本人が評価するという行為には、かつての〈帝国〉日本が強いた日本語教育の肯定につながりかねぬという危うさがつねにつきまとう。垂水千恵は、「日本語世代」の作品の「評価そのものが日本語を解する日本人に委ねられてしまい、そのメッセージの多くが日本人の価値観というフィルターによって振い分けられてしまう」ことに、「日本人読者および研究者は十分に内省的であるべき(4)」だと警鐘を鳴らしている。

「日本人読者および研究者」である著者が書いた本書も間違いなく垂水が言うような「フィルター」のなかにある。その偏りと限界には「内省的であるべき」であろう。ただし、垂水の指摘に対しては次のような疑念も生じる。それでは一体誰が黄霊芝たちの日本語文学を「フィルター」抜きにまなざし、評価しうるのだろうか。果たしてそのような資格と能力を持つ者はどこに存するのだろうか。

右のような研究者のポジショナリティーをめぐる難題が戦後台湾の日本語文学や黄霊芝研究への着手を回避させ、遅らせた一つの原因であろう。しかしながら、最も危ぶむべきは研究者が論じない、語らない、言及しないことによって、台湾の日本語文学の存在自体がなかったことにされることではなかろうか。それは日本人研究者にとって、過去の植民地支配にさらに上塗りする一層無責任な行為ではなかろうか。そう考えるがゆえに、著者が日本文学研究者でしかないという、言語上でも知識上でも絶対的な不備不足があることを自覚の上であえて本書は書かれた。言うまでもなく、本書は言語を跨いで創作を行う黄霊芝のごく一部の文業を検討したに過ぎず、本書の分析は「主に「日本文学」を読んできた日本人が見た場合」という「フィルター」ごしに見えた風景でしかない。ただし、著者にとってそれは相当に豊かな世界であった。その豊かさを支える方法に少しでも肉薄したいという思いが本書を書かせた。台湾の文化や言語や価値観に十全に通暁した研究者の眼には、当然、本書とは別なる黄霊芝文学の相貌が映し出されることであろう。本書の著者は後生によるそうしたアプローチの出現を切に望む者である。

黄は二〇一六年三月一二日に逝去したが、その死をもって彼はより客観的に分析されうる研究対象となり得たとも言える。

すでに日本では、黄霊芝『台湾俳句歳時記』（言叢社、二〇〇三・四）の他、岡崎郁子編集の小説選集『宋王之印』（慶友社、二〇〇二・三）、下岡編集の『戦後台湾の日本語文学　黄霊芝小説選』『同２』（いずれも溪水社、二〇一二・六、二〇一五・六）が刊行されており、一部の作品に限定されているものの、日本にいながらにして黄の文学に触れることは決して不可能ではない。中島利郎・河原功・下村作次郎編『台湾近現代文学史』（研文出版、二〇一四・五）にも、黄霊芝に関する詳細な記述が施されるに至った。[5] さらに、国立台湾文学館は、政治大学台湾文学研究所所長・呉佩珍責任編集のもと、二〇二〇年の刊行を目指して、黄霊芝全集の編集を予定している。全集には日本語のみならず、中国語の翻訳も併記される予定であり、これまで日本語に阻まれて黄文学を楽しむことのできなかった台湾及び中国語圏の読者にも、黄の文学は今後広く開かれていくことになる。黄霊芝研究を進展させていくための最低限の条件（資料）は整いつつある。

黄の繊細かつ精密な日本語の結構を見るとき、在日中国人作家・毛丹青（一九六二―）の言葉が想起される。毛は同じ中国人である妻との喧嘩の際、日本語に逃げ込む自身の行為をもって「言語というのは、牢屋であると同時に広場である」と述べた。[6]

戦後の中国大陸生まれの毛丹青と黄霊芝の日本語使用の由来は全く異なるが、そのことを承知の上であえて毛の言葉を借りるならば、黄は日本語を用いることで、自国に多くの読者は期待できない（それは毛の言う「牢屋」に自ら入る行為に傍からは見えるかもしれない）という現実よりも、自身の自由な個性の発現を可能にする「広場」としての日本語の可能性に賭けて戦後の台湾を生き抜いてきたのではないだろうか。

台湾文学研究者・赤松美和子は著者への私信（二〇一一年五月三〇日付）において、黄霊芝の対読者意識について次のように述べた。

俳句、短歌の会をはじめとして、黄霊芝の読者たち（彼らも作家）の存在が、台湾ではメジャーでないにしても、戦後何十年もの間、日本語文学の空間を維持し続けたことなど、時代や黄霊芝自身の選択において、当時の台湾文壇の中心的な読者層とは異なる読者層（台湾文学の一部）を持ち続けていたのではないかと勝手に妄想しています。

読者のいない作家ではなく、読者を選択し続けた作家だと思っています。

「読者を選択し続けた作家」という赤松の言は、黄の〈主体〉をあくまで重んじる点で極めて魅力的かつ説得的な把握であり、戦後台湾の空間の実際に即した行き届いた解釈と言えよう。

多和田葉子は言語創作を次のように位置づけた。

言葉遊びは閑人の時間潰しだと思っている人がいるようだが、言葉遊びこそ、追い詰められた者、迫害された者が積極的に掴む表現の可能性なのだ。
（『エクソフォニー—母語の外へ出る旅』岩波書店、二〇〇三・八）

日本語は固有の国籍・民族・文化には帰属せず、使用する者すべてに開かれた道具であり、他言語同様、様々な世界と価値観を表象しうる。そして使用者の自己表現と自己解放の手立てとなり、かつすぐれたテクストは読む者をも同時に解放する。黄霊芝の「言葉遊び」＝文学はそうした言語の力を改めて教えてくれる。「ポストコロニアル」が単純に「after the colonial」という植民地以後の時間を示すのではなく、「going beyond the colonial」という植民地主義を超えることを目指すという理念に基づく用語であるならば（Stuart Hall）(7)、まさしく黄霊芝はポストコロニアル台湾を代表する作家である。

注

（1）磯田一雄「【研究ノート】台湾における日本語文芸活動の過去・現在・未来—俳句を中心にその教育文化史的意義を点描する—」（『成城文芸』一九七号、二〇〇六・一二）

（2）黄は自身の経験を次のように述べている。「われわれ一群の外国人が、日本人と何ら変わりのない純粋な日本語で（時には日本人以上に純粋な日本語で）短歌や俳句をつくったりすると多くの人はまず目を瞠ってびっくりする。そして—大抵はそれでお仕舞いである。／つまり、われわれの作品は作品として取り上げられる前に、単なる『日本趣味』として片付けられてしまいがちなのである。事すでに『趣味』であるからには、とても本場物にはかなわない、という先入意識が誰の胸にもあるからであろう」（「地声」『台北俳句集　9集』一九八〇・一二）。

（3）「日本語世代」の文芸作品をとりあげ、その史的位置づけについて考察した主要な論考として、李郁恵「『台湾万葉集』を読む—『日本語人』の文学として」（『広島大学教育学部紀要』第二部第七号、一九九九・三）、黄智慧「ポストコロニアル都市の非情—台北の日本語文芸活動について」（大阪市立大学大学院文学研究科アジア都市文化学教室編『アジア都市文化学の可能性　大阪市立大学文学研究科叢書　第一巻』清文堂、二〇〇三・三）、磯田一雄「【研究ノート】台湾における日本語文芸活動の過去・現在・未来―俳句を中心にその教育文化史的意義を点描する―」（注1に同じ）等がある。今井祥子「近代俳句史の周辺で―台湾と俳句―」（立教大学比較文明学教室編『境界を越えて　比較文明学の現在』5、二〇〇五・二）は、「日本統治期の台湾に生まれ育った台湾人にとって、日本語は確かに暴力的な力によって身体化させられた言葉である。専ら日本語によって人間形成を遂げた者の身体はことさら深くそれを受け入れたであろう。だが同時に、その日本語は、一人の人間の言語生活、自己表現においては、「なぜ日本語を使うのか」という繰り返される問いがむしろ暴力的に感じられてくるほど「愛着のある道具」になっているということもまた受けとめなくてはならないのではないか。それは必ずしも植民地支配、皇民化教育の肯定とは同意にならないはずであるし、また「日本人のようである」とまなざすことと同じではない」と述べる。

（4）垂水千恵「戦後の創作活動から見る、台湾人作家にとっての「日本語」文学」（郭南燕編著『バイリンガルな日本語文学―多言語多文化のあいだ』三元社、二〇一三・六）

（5）該当部分は第七章・第一節。担当執筆者は岡崎郁子。

（6）毛丹青「越境作家フォーラム　全記録」二〇〇五年一一月九日、於名古屋市立大学人文社会学部における発言（土屋勝彦編『越境する文学』水声社、二〇〇九・一一）

（7）Stuart Hall “When was ‘the post-colonial’? thinking at the limit” Edited-by Iain Chambers and Lidia Curti *The Post-colonial Question, Common Skies, Divided Horizons*, London: Routledge. (1996)

ただし、呉叡人が「台湾の歴史にみられる「連続植民」と「多重植民」はわれわれが単一の視点から台湾に「ポストコロニアル」とは何かを定めることを困難にする」（「台湾ポストコロニアルテーゼ」『ワセダアジアレヴュー』No.18、二〇一六・二）と述べる通り、台湾における複数のエスニック・グループ各々の立場や背景により、植民地支配と抑圧の歴史に対する把握は大きく異なることについては留意しなければならない。陳芳明著／下村作次郎・野間信幸・三木直大・垂水千恵・池上貞子訳『台湾新文学史』（東方書店、二〇一五・一二）は、台湾新文学運動を「植民地時期、再植民地時期、ポストコロニアルの時期の、三つの段階を経てきた」とし、一九八七年戒厳令解除後をポストコロニアル期と位置づけている。本書では黄霊芝の使用する日本語が、日本の植民地支配に端を発する言語であることをより明確に示すために、「ポストコロニアル」という用語をタイトルに使用した。なお、酒井直樹が「ポスト・コロニアリズムは、植民地主義の終わりを指すのではなく、植民地主義が「取り替えしのできない」つまりpost factumであるような事態を指し示していて、植民地の独立によって植民地主義が終わるかのような議論には、私たちは、警戒しなければなりません」というように、「一九九〇年代以降に日本が直面しているのは、まさにポスト・コロニアル状況（国家体制や経済支配としての植民地支配が終わったにもかかわらず、意識構造や自己同一性の様態として植民地体制が存続する状態）なのではないか」、戦後も日本人の「帝国意識はじつは崩壊しなかったのではないか」という問題提起は極めて重要である（「パックス・アメリカーナの終焉とひきこもりの国民主義—西川長夫の〈新〉植民地主義論をめぐって—」『思想』No.1095、二〇一五・七）。

台湾に於ける主な日本語文芸グループ一覧表（２０１８年８月末時点）

会の名称	成立年代	歴代主宰者（代表者）	開催場所日時	発行誌
台湾歌壇	１９６７年８月	孤蓬万里 高阿香 蔡焜燦（注１）	国王大飯店 第４日曜	『台北歌壇』第1輯（１９６８・1）～『台湾歌壇』第１６４輯（２０１８・７）
台北俳句会	１９７０年７月	黄霊芝（注２）	国王大飯店 第２日曜	『台北俳句集』第1集（１９７１・10）～同46集（２０１８・７）

コスモス短歌会台北支部	1978年	范姜房枝 北條千鶴子 李錦上	国王大飯店 第1土曜	本部・コスモス短歌会『コスモス』（東京三鷹）
春燈俳句台北句会	1980年8月	加藤敬一 陳継森 頼天河 陳錫恭 廖運藩	国王大飯店 最終金曜	本部・春燈俳句会『春燈』（東京墨田）
台湾川柳会	1994年7月	頼天河 李琢玉 頼柏絃 杜青春	国王大飯店 第1日曜	『台北川柳会　1994—1995年句集』（1996・3）～『台湾川柳会2017年会報集』（2018・1）
友愛グループ	1992年10月	陳絢暉 張文芳	国王大飯店 第3土曜	『友愛』第1号（1999・12）～同第15号（2017・3）

（注1）蔡焜燦氏の死後は主宰空席。事務局長は北島徹氏、副代表は曾照烈氏。

（注2）黄霊芝氏の死後は主宰を置かず、会員で運営。事務連絡先は杜青春氏。

※表中のデータについては、各会の現在・歴代の主宰者である、高阿香氏、北條千鶴子氏、杜青春氏、張文芳氏、台湾歌壇相談役の黄教子氏より情報をご提供頂いた。特に最新の情報については、ほぼすべての会に所属している杜青春氏の手を煩わせた。また、コスモス短歌会台北支部成立年代については、本部・編集責任者の狩野一男氏にご教示頂いた。春燈俳句台北句会については、磯田一雄「戦後台湾における日本語俳句の進展と日本の俳句結社」（『東アジア研究』第57号、二〇一二・三）も参照した。その他、多くの各会会員の方々にご協力頂いた。ここに記して、感謝申し上げます。

あとがき

私が初めて黄霊芝先生に出会ったのは、二〇〇七年のことである。当時、私は日本統治期台湾で刊行された、愛国婦人会台湾支部発行『台湾愛国婦人』という雑誌を探して、台北に滞在中であった。台北俳句会会員でもある友人の阮文雅が「黄先生が何かご存じかもしれない」と陽明山の先生宅へ案内してくれた。実は、黄先生のお母様は台湾愛国婦人会の客員会員であり、会の奉仕活動に参加したのち病に倒れ、亡くなられていた。その事実を私はのちに黄先生の書かれた文章（「母のこと」『黄霊芝小説選集』私家版、一九八六・一〇）で知るのだが、先生はそのことをおくびにも出さずに終始和やかに、飄々とした調子で応対された。帰り際、「お暇なときにどうぞ」と『黄霊芝作品集』を何冊か手渡された。私は宿舎に帰り、早速小説を読み始めたのだが、その完成度に驚くとともに、このようなテクストが読まれることなく埋もれるのは実に惜しいと思った。それが今日に至る研究の出発点である。

その後、関西に拠点を置く台湾史研究会に入会し、台湾の歴史・政治・文化について専門的な論文を読みはじめた。ただし、志賀直哉（私の最初の研究書の論述対象）を研究するのとは異なり、黄霊芝を研究するにはさまざまな困難があった。そのことは既に本書の「結」でも述べた通りである。日本近代文学を専攻してきた私の知識・言語能力の不足は言うまでもないことだが、「台湾文学」の定義すら、研究者の立場によって相当に異なるという現実は、学びはじめたばかりの私を困惑・混乱させた。ある学会では著名な台湾文学研究者が私の目の前で「黄霊芝は日本語で書いているから、台湾文学ではない」と放言した。私がその時に真っ先に思ったのは、日本語で執筆しているということだけで、黄霊芝はこれまでに一体どれだけこうした無理解な言葉を投げつけられてきたのか、ということであった。研究も一つの〈制度〉であり、そこから逸脱する対象・研究者はことごとく排除の憂き目に遭うことだけは、黄霊芝研究を通じてよく分かったが、逆にそうした状況を是として省みない研究場への深い懐疑と違和感が私に黄霊芝研究を続けさせる原動力の一つとなった。そうであれば、名前はあえて挙げないが、先の放言の御仁には感謝しなければならないだろう。

本研究を行うにあたり、多くの人々に支えられた。

私の最初の台湾居住は二〇〇二年に遡る。二〇〇四年の夏まで足掛け三年、台湾・銘伝大学に奉職した。働きはじめた当初、全く中国語が話せなかった私に、手製の教材で言葉を教えてくれたのは日本語学科の学生たちであった。大学内の学生宿舎の一角に住んでいた私に毎晩のようにバイト先のケーキとパンを届けて、熱心に発音を教えてくれた学生もいた（おかげで勤務一年目にして五キロ以上太った（笑））。退職後も、帰国した私に毎年電話をかけて新年の挨拶をしてくれる学生や、広島まで会いに来てくれた学生もいた。こうした信じがたいほどの彼らの親切が、私を自然に台湾研究へと誘った。

大学外でも、友人・阮文雅の家族が私の生活を全面的にフォローしてくれた。特に、阮思銘（Kevin）と帥澤芬（Belinda）は、まるで私の本当の兄と姉であるかのように接してくれた。出会った時は幼稚園児であった彼ら二人の子どもが今はもう大学生になっている。時の経過は本当に早い。

台南へ行けば、友人・楊琇媚が様々な場所へ案内してくれ、見聞を深めることができた。彼女の家族・親戚の人々と一緒に台東や緑島にまで出かけた旅の思い出は、未だ鮮やかである。

銘伝大学の同僚で翻訳家でもある阿部由里香からは、台湾に関するあらゆることを学んだ。台湾在住歴数十年に及ぶ彼女の話はつねに示唆に富み、私の疑問にいつでも的確に答えてくれるものであった。このよき導き手なしでは私の研究は迷走するばかりだったろう。黄霊芝へのインタヴューを記録に残すにあたっては、テープ起こしの専門家である青島裕子氏も紹介してもらった。その丁寧な仕事に助けられ、本書第二部が成っている。

二〇一二年、学外研修にて五ヶ月間台北に滞在した際には、台北教育大学の蔡錦堂先生・林芬蓉先生夫妻に受け入れて頂き、指導を賜った。東呉大学日本語文学科の先生方にも研究発表の場を頂くなど、お世話になった。また、大川敬藏氏、若宮侃氏のような「湾生」（台湾生まれの日本人）と呼ばれる方との交流も、私の歴史の見方を変えた。戦争に負け、台湾を離れるということは、彼らにとっては愛する生まれ故郷を失うことに他ならない。台湾について熱心に勉強し続けている「湾生」の方々の姿をみるにつけ、植民側の人間も、大きな喪失のなかで戦後を生きなければならなかった事実をまざまざと知らされた。

二〇〇九年から八年間つとめた前職・県立広島大学人間文化学部国際文化学科の学生たちにも感謝したい。学生たちは黄霊芝の作品を無心に面白がって読んでくれた。『戦後台湾の日本語文学　黄霊芝小説選』『同2』は、同大学での授業で使用する教科書として編んだものである。

また、有島武郎研究会において『黄霊芝小説選』を手渡したところ、すぐさま占領開拓期文化研究会発行の研究誌『フェンスレス』への寄稿を促してくれた村田裕和氏にも感謝する。その原稿執筆を契機に、黄霊芝を評価するに必要な思考の枠組みを自分なりに整理することができたように思う。それが本書の序の原型となった。同会の瀧田浩氏からは教え子が書いた黄霊芝「蟹」論に関するレポートを頂いた。本書に収めた「蟹」論に直接的に反映することはできなかったが、大変面白く拝読した。

同じく有島研究会会員であり、志賀直哉研究者でもある伊藤佐枝さんには、ここ数年、台湾に関する情報を逐一送ってもらっている。今では私より彼女の方が台湾通ではないか、とひそかに思うくらいである。同じく志賀研究者である上田穂積氏からはいつも拙論に対する忌憚のない意見をもらい、感謝している。年齢を重ねてくると、なかなか本当のことを言ってくれる人はいないものである。その他、台湾日本語文学会、台湾歴史学会、日本近代文学会、昭和文学会、東アジアと同時代日本語フォーラム等での口頭発表の際、コメンテーターをつとめて下さった方々をはじめとして、多くの方から有益な御助言を頂いた。ここでは、一人一人のお名前をあげることができないが、改めて御礼申し上げたい。

黄霊芝主宰・台北俳句会の会員の皆さんにはいつもお世話になっている。特に高阿香さん、三宅節子さん、杜青春さんたちには本書を形成するに必要な情報をご教示頂いた上、研究遂行上の有形無形の励ましを受けた。李錦上さんには『中国新聞』への寄稿（コラム「戦後台湾の日本語文芸」二〇一三年五月二三日〜六月一日）の際、全面的にご協力頂いた。黄霊芝先生亡き後には、代わりに次女・黄嫩心さんが俳句会に出席して下さるようになった。そのことは私（たち）にとって大きな慰めと心の支えとなっている。

会員の方が語られた言葉のなかでも、特に重く私の心に刻まれているものが二つある。一つは、呉昭新さんによる「自分は日本語人ではなく、無母語人である」という言葉である。黄霊芝より二歳年下の呉さんは「黄霊芝先生たちは少なくとも日本語が使えるからよい、その下の世代である自分はどの言語も中途半端な教育しか受けられず、文芸創作を行うに必要十分な能力は身につかなかった」という。「日本語世代」と呼ばれる人々も決して一枚岩ではない。この当たり前の事実を私は改めて心に留めておかなければならなかった。ちなみに、呉昭新さんは台北医院や行政院衛生署予防医学研究所等で医師をつとめあげられた、複数言語を操るエリートである。

二つ目は、ある女性会員が私に語った、「なぜ日本は無謀な戦争を行ったのか。日本時代が続いていれば、私たちは今頃もっと幸せに暮らしている」という言葉である。戦後夫と興した事業に成功し、立派な邸宅に住み、何不自由ない暮らしをされているとしか傍目には見えない方の発言であった。この言葉を私はただ黙って受けとめるほかなかった。私に一体何と答える資格があるだろう。日本の植民地支配は断じてゆるされず、それは終結して当然である。ただし、一度受けた教育や馴染んだ環境から完全に脱することは何人といえども不可能である。そして、元の環境とは全く異なる価値観のなかで一から生き直す手立てを得るということがいかなる困難と犠牲と苦しみを伴うものだったか。彼女の発した言葉が、私にその経緯の一端を直に伝えた。

本書は、このように数々のことを私に教えてくれた台湾の人々、台湾関係者への恩返しの気持ちも込めて書かれている。甚だ拙いものではあるが、私なりの方法で私にできる範囲のことを一つのかたちにすることができたことに、今は正直ほっとしている。

最後に、『黄霊芝小説選』に引き続いて刊行をご快諾下さった、溪水社社長・木村逸司氏に改めて深謝申し上げる。中央からではなく、広島という一地方の出版社から本書を刊行することの意味を、黄霊芝先生は誰よりも理解してくれていると私は思う。

二〇一八年一一月

下岡　友加

※本書は平成30年度科学研究費補助金・研究成果公開促進費（課題番号１８ＨＰ５０３２）の助成を受けて出版するものである。
その他、本研究の遂行においては以下の助成を受けた。ここにあわせて記して感謝する。

平成22年度県立広島大学重点研究事業・科研費補助金獲得支援、平成23年度～平成25年度科学研究費補助金・若手研究（Ｂ）（課題番号２３７２０１１３）、平成23年度三島海雲記念財団学術研究奨励金、平成26年度～平成28年度科学研究費補助金・基盤研究（Ｃ）（課題番号２６３７０２４３）。

初出一覧（ただし、第二部のインタヴュー記録本文以外は、いずれも初出稿から大幅に加筆修正を施した）

序　「日本語は誰のものか?―ポストコロニアル台湾の日本語作家・黄霊芝の方法―」（『フェンスレス』第2号、二〇一四・六）の前半部分、「解説」（『戦後台湾の日本語文学　黄霊芝小説選』渓水社、二〇一二・六）、「はじめに」（『戦後台湾の日本語文学　黄霊芝小説選2』渓水社、二〇一五・六）の内容を取り込み、新たに書き直した。

第一部

総論　「戦後台湾の日本語文学・黄霊芝小説におけるブラック・ユーモア」（『跨境』第6号、二〇一八・六）

第一章　「戦後台湾の日本語文学―黄霊芝「董さん」の方法―」（『昭和文学研究』第58集、二〇〇九・三）。のち、許育女亭訳（中国語）→呉佩珍主編『中心到辺陲的重軌與分軌　日本帝国與台湾文学・文化研究（下）』（台大出版中心、二〇一二・六）掲載

第二章　「戦後台湾の日本語小説・黄霊芝「蟹」論―乞食に託された自画像―」（『日本近代文学』第94集、二〇一六・五）

第三章　「黄霊芝の日本語文学―小説「紫陽花」の方法―」（『現代台湾研究』第35号、二〇〇九・三）。のち、何資宜訳（中国語）→『塩分地帯文学』第35期（二〇一一・八）掲載

第四章　「黄霊芝文学・その基底としての悲喜劇―小説「豚」の表象世界―」（『国文学攷』第２０８号、二〇一〇・一二）

第五章　「戦後台湾の日本語小説・黄霊芝「仙桃の花」の表現」（『県立広島大学人間文化学部紀要』第９号、二〇一四・三）

第六章「戦後台湾の日本語文学―黄霊芝「自選百句」の表現―」（『表現技術研究』第12号、二〇一七・三）

第二部

第一章「戦後台湾の日本語作家の声　黄霊芝氏インタヴュー（1）」（『県立広島大学人間文化学部紀要』第7号、二〇一二・二）

第二章「戦後台湾の日本語作家の声　黄霊芝氏インタヴュー（2）」（『県立広島大学人間文化学部紀要』第8号、二〇一三・二）

第三章「戦後台湾の日本語作家の声　黄霊芝氏インタヴュー（3）」（『県立広島大学人間文化学部紀要』第10号、二〇一五・三）

結　書き下ろし

付　黄霊芝略年譜

一九二八年六月二〇日、台湾台南市東門町二丁目九五番地（現在の東門路一段五二号一帯）に父・黄欣、母・郭氏命治の五男として生まれる。本名は黄天驥。父・黄欣は日本統治下の台湾において台湾総督府評議員をつとめるなど台南を代表する実業家。「固園」と称される四千坪を越える敷地と屋敷において、霊芝は一〇人兄弟（兄五人、ただし長兄次兄は夭折。姉が四人）の末っ子として育つ。

一九三五年（七歳）四月、日本人子弟が通う台南の花園尋常高等小学校に入学。クラスでただ一人の台湾人であった。

一九四一年（一三歳）三月、小学校卒業。四月、台南第一中学に入学。入学式の数日後、「台湾人が日本人の学校に来るのは生意気」という理由から、日本人上級生に暴行を受ける。

一九四三年（一五歳）二年次の終わる頃より一年間休学する。

一九四五年（一七歳）三月、台南市内、空襲のため三日三晩にわたり炎上。母と兄姉とともに台南県北門郡学甲庄、学甲寮、茄抜村と疎開先を移り、終戦を迎える。父・黄欣は日本の官憲にスパイの容疑をかけられ、中国大陸へ脱出していた。一二月、母逝去。戦時中、母は愛国婦人会の奉仕作業に駆り出され、そこでの無理な労働がたたって発病した。

一九四六年（一八歳）日本人子弟のための台南第一中学は閉校され、台湾人子弟は台南第二中学へ編入されたが、そこへは行かず、九月、新制国立台湾大学外文系に入学。台南から台北古亭町（現在の南昌街二段、晋江街、浦城街一帯）の次姉・阿嬌の家に寄寓する。彫塑家・蒲添生のアトリエに通う。一〇月、新聞・雑誌での日本語使用禁止。

一九四七年（一九歳）一月、父逝去。父の没後に台北市厦門街一〇四巷二号（旧、川端町三九番地）の四兄・天育の家に寄寓する。四月、一回目の喀血をみる。大学を中退し、台南の病院で結核治療を受ける。五ヶ月に渡る入院生活の後、生家に戻り療養。発表のあてのないまま小説「蟹」（日本語）の執筆に取りかかる。二月、二・二八事件が起こる。

一九四九年（二一歳）五月、国民党政府、台湾全島に戒厳令を発令。

一九五〇年（二二歳）台南から台北の四兄宅へ戻る。

一九五一年（二三歳）国民党政府発行の日文紙『軍民導報』文芸欄に詩を投稿。これが機縁となり、九人の同人で日本語文芸の会ができる。この会は一九六四年に詩社『笠』が創立するまで続く。主要メンバーは霊芝の他、錦連、羅浪、謝喜美。小説「ふうちゃん」「紫陽花」「輿論」を日本語で執筆。

一九五三年（二五歳）二月、楊素月と結婚。台北市和平西路一段七八巷五号に新居を構える。小鳥の雛を育てたり、犬の交配をして生計を立てる。自我をテーマとした彫塑を開始する。

一九五四年（二六歳）一月、長女・嫩心生まれる。

一九五六年（二八歳）八月、次女・蘭心生まれる。日本大使館員や商社の日本人により創立された俳句会「台北相思樹会」の会員となる。

一九五七年（二九歳）二回目の喀血をみる。

一九六二年（三四歳）フランスで開催された第二回パリ国際青年芸術展に彫塑「盲女」を出品し、入選する。『群像』新人文学賞に「蟹」（日本語）で応募、第一次予選を通過する。

一九六三年（三五歳）三回目の大喀血。日本で手術をすべく渡航申請するが、政府の許可が下りなかった。一切の治療を放棄するつもりで陽明山に転居、果樹栽培を始め、あえて重労働に勤しんだ。彫塑「盲女」が第一七回省展特選第一位を獲得。『群像』新人文学賞に「輿論」（日本語）で応募、第一次予選を通過する。

一九六四年（三六歳）『群像』新人文学賞に「古稀」（日本語）で応募、第一次予選を通過する。

一九六五年（三七歳）台陽美術協会会員となる。一〇月、詩「魚」「牛糞」（日本語を中国語に自身で翻訳したもの）が『本省籍作家作品選集⑩』（文壇社）に採録される。『群像』新人文学賞に「豚」（日本語）で応募、第一次予選を通過する。

一九六九年（四一歳）「蟹」の中国語訳を自身で試みる。一〇月、小説「蟹」（中国語）を『台湾文芸』二五期に発表。「台北歌壇」（孤逢万里主宰、一九六七年創立）の会員となる。

一九七〇年（四二歳）小説「蟹」により、第一回呉濁流文学賞受賞。六月、台北で開催された「第三回アジア作家会議」（日本の団長は川端康成）終了後、出席した中河与一、東早苗を台南へ案内した。東の勧めもあり、「台北俳句会」結成を決意、主宰となる。一〇月、小説「法」（中国語）を『台湾文芸』二九期に発表。一一月、詩「沼」（日本語）が『笠』編『華麗島詩集・中華民国現代詩選』（若樹書房）に採録される。

一九七一年（四三歳）一月、私家版『黄霊芝作品集』巻一刊行。九月一三日～一〇月四日、「蟹」（日本語）を『岡山日報』に連載。一〇月、『黄霊芝作品集』巻二刊行。同じく一〇月『台北俳句集』第一集刊行。一一月一五日、短歌「繭たけて」五首を『岡山日報』に掲載。一一月二二日～一二月二〇日、小説「紫陽花」（日本語）を『岡山日報』に連載。

一九七二年（四四歳）二月一六日〜三月一〇日、小説「豚」（日本語）を『岡山日報』に連載。四月、詩「因縁」（中国語・桓夫訳）を『笠』48期に掲載。五月、『黄霊芝作品集』巻三刊行。五月二三日〜六月二九日、小説「喫茶店『青い鳥』」（日本語）を『岡山日報』に連載。六月、詩「牛奶」（中国語・桓夫訳）を『笠』49期に掲載。一〇月、『台北俳句集』第二集刊行。九月、台湾（中華民国）と日本、国交断絶。

一九七三年（四五歳）二月二六日〜三月一日、小説「竜宮翁戎貝」（日本語）を『岡山日報』に連載。四月、小説「癌」（中国語）を『台湾文芸』三九期に発表。七月、『黄霊芝作品集』巻四刊行。七月一一日〜七月二七日、小説「法」（日本語）を『岡山日報』に連載。八月一日〜八月二一日、小説「『金』の家」（日本語）を『岡山日報』に連載。九月、『黄霊芝作品集』巻五刊行。九月一八日〜一〇月一一日、小説「古稀」（日本語）を『岡山日報』に連載。一二月一三日〜一二月一七日、小説「床屋」（日本語）を『岡山日報』に連載。

一九七四年（四六歳）この年から七七年までの四年間、呉濁流文学賞の選考委員を務める。一月、『台北俳句集』第三集刊行。

一九七五年（四七歳）一月、『台北俳句集』第四集刊行。

一九七六年（四八歳）一月、『台北俳句集』第五集刊行。九月、民俗学、考古学、人類学などを扱う総合学術季

刊誌『えとのす』（国分直一主幹）編集部に迎えられ、論文、小説、翻訳など多くの記事を執筆する。一〇月、詩「片詩」（中国語）を『笠』75期に掲載。

一九七七年（四九歳）一月、『台北俳句集』第六集刊行。

一九七八年（五〇歳）二月、『台北俳句集』第七集刊行。四月、「俳句詩」（中国語・日本語併記）を『笠』84期に掲載。六月、「生物」「片詩両首」（中国語）を『笠』85期に掲載。一〇月、「俳句詩」（中国語・日本語併記）を『笠』87期に掲載。一二月、「俳句詩」（中国語・日本語併記）を『笠』88期に掲載。

一九七九年（五一歳）二月、『台北俳句集』第八集刊行。

一九八〇年（五二歳）二月、『台北俳句集』第九集刊行。

一九八一年（五三歳）四月、『台北俳句集』第一〇集刊行。五月、小説「蛇」（日本語）を『えとのす』第一六号に掲載。

一九八二年（五四歳）四月、『台北俳句集』第一一集刊行。五月、『黄霊芝作品集』巻六刊行。

一九八三年（五五歳）三月、『黄霊芝作品集』巻七刊行。四月、『台北俳句集』第一二集刊行。一一月、『黄霊芝作品集』巻九刊行。

一九八四年（五六歳）二月、『黄霊芝作品集』巻一〇刊行。七月、『台北俳句集』第一三集刊行。七月、『黄霊芝作品集』巻一一刊行。一一月、「紀念先父黄南鳴翁百歳冥誕特刊之二」として編著『固園文存其二』と「同特刊之四」として次姉阿嬌（俳号は候鳥）との『候鳥・霊芝合同俳句集』刊行。

一九八五年（五七歳）七月、『台北俳句集』第一四集刊行。一一月、編集と翻訳に携わった『文物光華（一）』（日本語版）が国立故宮博物院より発行される。

一九八六年（五八歳）四月、『黄霊芝作品集』巻一二刊行。『台北俳句集』第一五集刊行（刊行月記載なし）。一〇月、「紀念先母郭命治夫人百歳冥誕特刊之一」として『黄霊芝小説選集』と、「同特刊之二」として『黄霊芝作品集』巻六（再版）刊行。一二月、『黄霊芝作品集』巻一三刊行。

一九八七年（五九歳）八月、『台北俳句集』第一六集刊行。一〇月、『黄霊芝作品集』巻一四刊行。七月、三八年に及んだ戒厳令が解除される。

一九八八年（六〇歳）八月、『台北俳句集』第一七集刊行。

一九八九年（六一歳）八月、『台北俳句集』第一八集刊行。

一九九〇年（六二歳）一月、「台湾歳時記（2）」（日本語）を俳誌『燕巣』一月号より連載開始。

一九九一年（六三歳）三月、『台北俳句集』第一九集刊行。

一九九二年（六四歳）台北県文化センター主催の教室で、漢語俳句の指導を始める。五月、『台北俳句集』第二〇集刊行。

一九九三年（六五歳）台北県文化センターでの約一年間にわたる漢語俳句教室終了後、「台湾俳句会」創立。二月、『台北俳句集』第二一集刊行。七月、編集と翻訳に携わった『文物光華（三）—故宮の美』（日本語版）が国立故宮博物院より発行される。

一九九四年（六六歳）「台北川柳会」（頼天河主宰）創立、会員となる。六月、『台北俳句集』第二二集刊行。

一九九五年（六七歳）一〇月、『台北俳句集』第二三集刊行。

一九九七年（六九歳）三月、『台北俳句集』第二四集刊行。九月、小説「蛇」が『燕巣』九月号に再録。

一九九八年（七〇歳）七月、漢語俳句の『台湾俳句集』第一輯刊行。一〇月、一二月、小説「台湾玉賈伝」（日本

語）が『東洋思想』第一九号、第二〇号に再録。一九九〇年一月から八年あまりにわたり『燕巣』に連載した「台湾歳時記」を九月号で終える。一二月、『台北俳句集』第二五集刊行。

一九九九年（七一歳）二月、四月、六月、九月、小説「台湾玉賈伝」（日本語）が『東洋思想』第二一号～第二四号に再録。八月、「台湾歳時記」出版に向けての原稿整理開始。

二〇〇〇年（七二歳）一月、三月、七月、九月、小説「宋王之印」（日本語）『東洋思想』第二五号～第二九号に再録。六月、『台北俳句集』第二六集刊行。七月、「台北俳句会」創立三〇周年を迎える。一二月、『黄霊芝作品集』巻一五・巻一八刊行。一二月、『台北俳句集』第二七集刊行。一二月一〇日、国王大飯店にて「台北俳句会創立三〇周年記念祝賀会」挙行。

二〇〇一年（七三歳）七月、『黄霊芝作品集』巻一九刊行。八月、小説「董さん」（日本語）が『練馬東京台湾の会研究資料』第八号に再録。一〇月、『台北俳句集』第二八集刊行。

二〇〇二年（七四歳）一月、『台北俳句集』第二九集刊行。二月、国江春菁（日本統治時代の黄霊芝の日本名）著・岡崎郁子編の小説集『宋王之印』（慶友社）刊行。

二〇〇三年（七五歳）四月、俳誌『燕巣』に連載した「台湾歳時記」を再編し、黄霊芝著『台湾俳句歳時記』（言叢社）刊行。この一書をもって『黄霊芝作品集』巻一六に充てる。六月、『台北俳句集』第三〇集刊行。

八月、『台北俳句集』第三一集刊行。一二月、『黄霊芝作品集』巻二〇刊行。

二〇〇四年（七六歳）一一月、『台湾俳句歳時記』により、第三回正岡子規国際俳句賞を受賞。授賞式出席のため、生まれて初めて来日する。

二〇〇五年（七七歳）七月、『台北俳句集』第三二集刊行。

二〇〇六年（七八歳）七月、『台北俳句集』第三三集刊行。一一月、旭日小綬章を受章。同月、台湾・真理大学台湾文学家第十回オックスフォード賞を受賞。あわせて黄霊芝文学国際学術検討会が開催される。一二月、『塩分地帯文学』第七期に「黄霊芝特集」が組まれる。「台湾俳句五〇首」（中国語）、詩「魚」「牛糞」（中国語・葉泥訳）、小説「董桑」（中国語・張月環訳）掲載される。

二〇〇七年（七九歳）二月、『塩分地帯文学』第八期に小説「蟹」（中国語）、「男盗女娼」（中国語・阮文雅訳）掲載される。九月、『台北俳句集』第三四集刊行。

二〇〇八年（八〇歳）三月、『台北俳句集』第三五集刊行。一二月、『黄霊芝作品集』巻二一刊行。

二〇〇九年（八一歳）五月、『台北俳句集』第三六集刊行。

二〇一〇年（八二歳）七月、「台北俳句会」創立四〇周年を迎える。一二月一〇日、国王大飯店にて「台北俳句会創立四〇周年記念祝賀会」挙行。同日付で『台北俳句集四〇周年紀念集』刊行。

二〇一一年（八三歳）六月、『塩分地帯文学』第三四期に小説「紫陽花」（中国語・阮文雅訳）掲載される。九月、『台北俳句集』第三七集刊行。

二〇一二年（八四歳）二月、東行著・黄霊芝監修及び訳『水果之詩』（致良出版社）刊行。黄は東行の中国語詩をすべて日本語詩に翻訳している。三月一〇日、妻・楊素月が亡くなる。四月一二日葬儀。四月、『台北俳句集』第三八集・第三九集刊行。六月、『戦後台湾の日本語文学　黄霊芝小説選』（下岡友加編、溪水社）刊行。八月、『塩分地帯文学』第四一期に小説「輿論」（中国語・阮文雅訳）掲載される。

二〇一三年（八五歳）四月、六月、『塩分地帯文学』第四五期、四六期に小説「豬（上）（下）」（中国語・阮文雅訳）掲載される。

二〇一五年（八七歳）六月、『戦後台湾の日本語文学　黄霊芝小説選２』（下岡友加編、溪水社）刊行。七月、『台北俳句集』第四一集、第四二集、第四三集刊行。一二月、台北俳句会、日本との文化交流への寄与により交流協会台北事務所から感謝状を授与される。

二〇一六年　三月一二日、午後五時半死去。享年八七歳。四月二〇日、第二殯儀館懐親廳にて告別式。四月、『塩

分地帯文学』第六三期に「黄霊芝懐念特集」が組まれる。小説「古稀」（中国語・阮文雅訳）掲載される。

※著作物のうち、随筆・童話・評論の発表は割愛した。

著者略歴

下岡　友加（しもおか　ゆか）

1972年生まれ。広島女子大学卒業。広島大学大学院博士課程後期修了（博士・学術）。台湾・銘伝大学専任助理教授、県立広島大学准教授等を経て、現在、広島大学大学院文学研究科准教授。単著に『志賀直哉の方法』（笠間書院、2007.2）、編著に『戦後台湾の日本語文学　黄霊芝小説選』（溪水社、2012.6）『戦後台湾の日本語文学　黄霊芝小説選 2』（溪水社、2015.6）等。

黄霊芝に関する論文には他に「黄霊芝「蟹」論―“人間の原始的意義”とは何か？―」（『現代台湾研究』第 37 号、2010.3）、「一九五一年の台湾表象―黄霊芝の日本語小説「輿論」―」（『近代文学試論』第 50 号、2012.12）、「傀儡師とペテン師―芥川龍之介と黄霊芝―」（『台湾日本語文学報』第 33 集、2013.6）、「台湾の日本語作家・呉濁流と黄霊芝の比較考察」（『県立広島大学人間文化学部紀要』第 11 号、2016.3）、「「達人」（adept）としての日本語俳句―ポストコロニアル台湾の日本語作家・黄霊芝の方法―」（『昭和文学研究』第 78 集、2019.3 刊行予定）等がある。

ポストコロニアル台湾の日本語作家
――黄霊芝の方法――

2019 年 2 月 20 日　発行

著　者　下　岡　友　加

発行所　株式会社　溪水社
広島市中区小町 1-4（〒 730-0041）
電　話（082）246-7909 ／ FAX（082）246-7876
e-mail:info@keisui.co.jp

ISBN978-4-86327-467-9　C3095